당신은 어떻게
나이 들고 싶은가

당신은 어떻게
나이 들고 싶은가

김여진 지음

한국경제신문*i*

프롤로그

요즘 젊은 사람들은 자신만의 독특한 콘텐츠를 가지고 하고 싶은 일들을 잘 창조해나가고 있다. 그러나 노년기에 접어든 사람들은 생각보다 꿈이 없는 사람들이 많다. 당신의 꿈이 뭐냐고 물어보면 하나같이 "꿈이요?" 하면서 질문자를 이상한 눈으로 쳐다본다. 늙어서 무슨 꿈이냐고 말하거나 꿈은 젊은 사람들이나 꾸는 것이지, 나이 들어서 어린애도 아니고 무슨 꿈이냐고 오히려 반문한다.

책을 쓰면서 여러 노년들과 대화를 나누어본 결과다. 이렇게까지 많은 사람들이 꿈조차 꾸지 않고 살아가며, 꿈을 꾸는 그 자체를 이상하게 받아들이고 몽상가 정도로만 생각하고 있었다. 그나마 시대적 변화를 일찍 깨우치고 노년을 미리 완벽하게 준비해온 사람들도 있지만, 그렇지 못한 사람들이 더 많았다. 인생 잘못 살아왔다는 것을 느낄 시기가 와도 후회만 할 뿐이지, 뭔가 배우려 들지 않고 새로운 것에 별로 흥미를 느끼지 않는다. 미리 자신이 늙었다고 포기하고 자신의 한계선은 여기까지라며 단정 지어버린다. 그러면서 그저 하루하루 희망없이 살아가고 있다. 그러나 그 한계선은 용기없는 자들이 그어 놓은 선임을 알아야 한다.

나는 간호사로 임상에 근무하면서 꿈이라곤 하나도 찾아볼 수 없는 많은 환자들과 보호자들을 대면해왔다. 무표정, 무감흥인 상태로 웃음기 하나 없는 그들의 그늘진 모습 속에서 동병상련도 느꼈다. 부모 세대들이야 어쩔 수 없는 시대적 운명으로 이렇게 살 수밖에 없다고는 하지만, 지금 노년기에 접어드는 사람들은 현재의 우리 부모들 세대와는 조금 달라야 하는데 대화할 때 느낀 것은, 그들의 사고방식 역시 우리 부모들 세대와 별반 다르지 않다는 것이다. 옛날 부모로부터 물려받은 교육이 그대로 학습돼 사고가 이미 굳어져 있었고, 이런 생각들은 아마 부모로부터 세뇌되어 물려받은 교육이 그대로 전수되어 내려온 자연스러운 습득인지도 모르겠다. 변해가는 세상에 발맞추려고 뭔가를 배우는 사람은 아주 극소수였다.

옛날 평균 수명이 70~80세였던 시절에는 정년 퇴직 후 유유자적하면서 살아도 되었다. 하지만 지금은 100세 시대다. 그 많은 시간을 정년 퇴직 후 어떻게 보낼 것인지 생각해보아야 한다. 이제는 부모와 자식이 함께 늙어가는 시대다. 노인이 노인을 부양해야 하는 현실에서 자식에게 무엇을 기대할 수 있겠는가? 그래서 우리는 우리 부모와 다른 노후를 보낼 수밖에 없다. 퇴직 후 받는 적은 연금으로 몇십 년의 노후를 어떻게 보낼지에 대해서 걱정만 하면서 그저 손주나 잘 돌보아주고 살면 되지 하는 생각으로 하루하루 세월에 몸을 맡긴 채 무의미하게 살아가고 있었다. 이분들은 왜 이런 생각만 하고 살아갈까 곰곰이 생각해보았다. 그것은 바로 꿈이 없기 때문이라는 것을 뒤늦게 알게 되었다. 꿈이 있는 사람들이 나이와 상관없이 그 꿈을 이루기 위해 자기계발을 계속하고 시간을 황금같이 쓰며 뭔가 보람되고 생산적이며 가치 있는 일을 계속 찾아 나서는 것과는 너무나 대조적이었다. '꿈이 있다면 자신의 한계를 선으로 긋지 않고 살 것인데' 하는 안타까운 마음이 계속 들었다.

나는 실제로 꿈을 꾸어서 두 번이나 이뤄본 사람이다. 20대 때 처음 꿈이 이루어졌을때는 꿈을 꾸어서 이루어졌다고 생각하기보다는 그냥 운이 좋아서 이루어진 것으로 생각했다. 그러나 현재 늦은 나이임에도 가슴 속에 묻어두었던 작가라는 꿈을 이루고 보니까 역시 꿈을 꾸면 반드시 이루어진다는 것을 확실히 알았다. 나는 다시 누군가의 꿈이 되어주고 싶어 글을 쓰기 시작했다.

꿈을 가진 자는 그 정신이 늙지 않으며 언제나 젊다. 꿈이 가슴속에 살아 있기 때문에 눈동자는 늘 빛난다. 꿈이 있다면 아플 시간도 없다. 꿈을 실현하기 위해서는 스스로 시키지도 않는 일을 찾아서 하게 된다. 삶에 목적을 가지고 그것을 완수했을 때만이 후회가 없고 여한이 없는 삶을 살아냈다고 말할 수 있다. 사람에 따라 전성기는 일찍 올 수도 있고 늦게 올 수도 있다. 각자에게 언제 그 전성기가 올지는 아무도 모른다. 그래서 꿈을 포기하면 안 된다. 만약 지금이 힘든 시기라면 아직 당신의 전성기는 오지 않았다는 것뿐이니 다시 힘을 내하고 싶은 일에 도전해보라고 말해주고 싶다.

꿈이 있는 한 나이는 없다. 인생의 참 의미는 성장에 있다. 내가 포기하지 않으면 우리는 죽는 날까지 성장한다. 어제보다 행복한 하루를 나 자신에게 선물할 수 있는 사람이 되자. 더 이상 남의 시선을 의식할 필요도 없다. 애벌레를 나비로 만드는 것은 세상이 아니라 바로 나 자신이기 때문이다. 지금 내가 가장 좋아하는 일은 무엇이며, 무엇을 가장 하고 싶어 했는지, 무엇을 할 때 가장 자신 있고 행복한지, 지금이라도 자기만의 달란트를 찾아 나서 보자. 노년이라고 꿈을 꾸지 말라는 법은 없다. 노년이 되어도 꿈이 있는 사람은 진정 살아 있는 사람이다. 자기 분야에 성공한 이들도 처음에는 꿈을 가지는 데서부터 시작되었다는 것을 잊지 말자.

– 김여진

CONTENTS

1장

나이 들고 싶은가?

당신은 어떻게

당신은 어떻게
나이 들고 싶은가?

요즘 나는 나이를 먹을수록 미래가 더 불안해지고 걱정스럽다. 내 모습이 존재감 없는 사람으로 남았다가 어느 날 먼지같이 사라질 것 같은 생각에 더욱 그렇다. 대부분의 사람들은 이렇게 말한다. "세월 앞에 장사 없다", "손자 잘 키워주고 순리대로 살다가 늙어 죽으면 되지. 뭐 별 뾰족한 수가 있나?" 그런데 나는 왜 이런 소리만 들으면 괜히 억울하고 허망한 생각에 화가 나는지 모르겠다. 우리가 이렇게 살다 죽으려고 온 것은 분명 아닌 것 같은데….

주위를 둘러보면 지금도 많은 사람이 꿈과 희망 없이 허송세월만 보내고 있다. 나 역시도 걱정만 하고 있었지, 별 뾰족한 수 없이 지냈다. 그런데 지금은 100세를 넘게 사는 시대다.

비록 적지 않은 나이지만 이렇게 나이만 먹다 아무것도 해놓은 게 없이 죽기는 싫다. 그래서 지금 나는 나를 재정비 중이다.

내 지인 K씨 경우, 잘나가던 회사를 나온 후부터 집에서 밥 세 끼 꼬박꼬박 챙겨 먹는 삼식이로 돌변해 가족들 눈치만 보며 살고 있다. 처음엔 그동안 회사 다닌다고 고생했다고 밥도 잘 챙겨주던 것이 지금은 그렇지 않다고 한다. 이제는 밥 먹는 것도 눈치가 보인다며 요즘은 복지관이나 교회 같은 데 가서 점심 한 끼는 해결하고 온다는 것이다. 연금으로 겨우 연명은 하고 있지만, 만족하지 못한다. 그동안 가족들 눈치가 보여 이것저것 나름대로 뭘 해본다고 손을 대었지만, 성공과는 거리가 멀었다. 경비라도 할까 생각해서 지원했지만, 이제는 나이 제한에 걸려 그것마저도 안 되었다. 지금은 그야말로 집안에서조차 존재감 없는 사람으로 변해 있다.

비단 이분뿐이겠는가? 요즘 이런 분들이 굉장히 많다. 퇴직 후 중장년 가장들의 어깨는 갈수록 무겁다. 가족들한테조차 대접받지 못하는 시대에 살고 있기 때문이다. 인생 2막을 제대로 설계하지 못한 결과다.

옛날에는 사람들이 노인을 공경하고 노인의 말을 잘 귀담아들었다. '노인이란, 오래된 지혜를 가진 현명한 생각의 소유자다'라고 존경했으며, 집안의 제일 큰어른들은 항상 "늙은이의 말은 잘 들어라, 헛되게 밥을 먹지는 않는다"라고도 했다. 예전에는 노인의 말에 설득력이 있었지만, 지금은 그렇지 않다. 왜냐하면, 옛날에 사람이 일할 때는 '지혜'가 숙련으로 축적되고 선대부터 차세대로 계승되었다. 그래서 젊은이들에게도 존경받으면서 살았다. 그러나 지금은 AI 시대다.

당신은 어떻게 나이 들고 싶은가

그들은 고장 나면 AI에 의해 낡아진 것을 당장 교체하고 만다. 늙음과 성숙의 가치가 상실되고, 젊으면 젊을수록 좋다는 역전 현상이 일어난다. 문제의 본질은 거기에 있다. 그래서 늙은이가 기댈 곳이 더 없다고 한다. 이런 소리를 듣고 있으면 왠지 쓸쓸해진다. 그렇다고 우리가 우울해하면서 노년의 삶을 무의미하게 보낼 수는 없지 않은가? 우리는 각자 남은 인생을 어떻게 살며, 어떻게 나이 들고 싶은가를 깊이 성찰해보아야 한다. 노년이지만 누구나 한 가지씩 잘하는 뭔가는 분명히 있다. 또한, 젊은이들보다 오래 살아왔던 경험들이 노하우로 축적된 지혜와 영감이 있다. 마음만 고쳐먹으면 타고난 힘을 발휘할 수 있다. 진짜로 행복한 삶이 무엇인지 찾아 나서야 한다. 늦었다고 생각할 때가 가장 빠르다. 나이는 숫자에 불과하기 때문이다.

일본 센다이에 거주하는 60대 노부부는 2016년 12월부터 시작한 인스타그램에서 컬러나 패턴을 맞춘 커플 스타일링이 인기를 끌며 일본뿐만 아니라 전 세계 SNS 사용자들로부터 '멋져요', '귀여워요' 등의 반응을 끌어내기 시작했다. 그리고 현재 팔로우 수는 80만 명이 넘었다고 한다. 글로빌 스타로 떠오른 그들은 남편의 퇴직 후 오랫동안 살았던 집을 떠나 살기 편안하고 따뜻한 고장으로 이주해 새로운 삶을 시작하는 용기도 보여주었다. 오랫동안 고향에서 살았던 익숙함에서 변화가 두려웠을 텐데도 나이 들어 병원과 편의시설이 가까운 곳, 기후가 따뜻하고 환경이 좋은 곳이 좋겠다고 생각해 이주했다고 한다. 현재는 센다이에서 제2의 인생의 신혼생활을 즐겁게 보내고 있으며, 나이 먹는 게 두렵지 않다고 한다. 그들의 삶을 토대로 책도 펴냈다. 커플 스타일링으로 얼떨결에 글로벌 워너비 스타가 되었다며 처음으로 나이 드는 것이 기대되기 시작했다고 한다. 그들은 간결한 삶을 유지하며 음식도 간편하게 먹고 모든 걸 공유하며 삶을 여유롭게 즐긴다. 오늘은 어떻게 살지, 앞으로 하고 싶은 일, 할 수 있는 일들을 둘이 함께 의논하고 눈앞의 서로에게 집중했다. 남편은 움직이는 것을 싫어하고 정적이지만, 아내는 호기심과 열정이 많은 사람이라 이 모든 게 가능했다고 한다. 이분들의 삶을 보더라도 나이 들어 어떤 생각을 가지고 사는 게 즐겁고 행복한 삶인지 알게 되었다.

어떤 삶이 가장 행복한 삶일까? 어떻게 나이를 먹어야 할까? 그리고 사람들한테 어떠한 기억으로 남고 싶은가를 깊이 생각해보았다. 시간이 흘러 내 삶을 재정비하고 나니 답이 나왔다. 후회 없고 행복한 삶을 살려면 가치 있는 삶을 살아야 한다는 생각이 들었다. 나에게 가치 있는 삶이란, 자기가 가장 하고 싶은 일을 하고 자신이 정해놓은 원칙에 희망 사항을 더해서 그것을 계발해나가는 것이다. 그리고 그것에 대한 성취감도 가져야 한다. 경제적 재테크에 더 관심을 두고 공부해 자금이 들어오는 방법을 다각화시켜야 한다. 나이 듦에 부정적인 생각을 하면 좋지 않은 결과를 초래하기 때문에 항상 긍정적인 마음을 가져야 한다. 어려움이 있으면 지루함도 있는 것이 인생이라고 모든 것들을 넓게 생각해야 한다. 이런 마음으로 살다 보면 저절로 존경받는 노년의 삶이 될 것이라 확신한다.

당신은 어떻게 나이 들고 싶은가

노인을 바라보는 시각은 다양하다. 그 시대의 경제적 상황, 사회적 우선순위, 인류의 철학, 그 이외의 여러 방향에 따라 달리 보겠지만, 지금 시대의 노년들은 많이 소외되어 있다.

인공지능 시대에 사는 젊은 사람들은 나이 든 사람들과 얘기를 나누면 답답해한다. 모든 것이 빛의 속도만큼이나 변해가는데 노년들이 그것을 따라가지 못하기 때문이다. 그래서 소통이 잘 안 되어 더욱 그러하다.

노년기가 힘든 것은 무엇보다 우리가 늙어가는 것을 자연스러운 절차로 받아들이지 않고 있기 때문이다. 늙지 않으려고 내면에선 강하게 거부하기 때문인지도 모른다. 나 역시 가끔은 달력을 보면서 빠른 세월을 한탄하며 한숨을 내쉬기도 했다. 나의 내면에서도 늙음을 거부하고 있었다. 누구나 멋지게 늙고 싶어 한다. 나는 그래도 조금 유연해지는 법을 터득하기로 마음먹고 난 후부터 삶이 활기차고 보람찬 것을 느낀다. 나는 죽을 때까지 즐겁고 재미있고 행복하게 살고 싶다. 멋지게 나이 들고 싶은 사람들은 의외로 많다. 이런 분들을 위한 인생 기술에 관한 책에서는 나이 들어 좋은 점이라기보다 '나이 들면서 좋은 일, 즐거운 일, 하고 싶은 일을 만들어가면 된다'고 적혀 있었다.

우리 병원에 근무하는 요양보호사 Y씨는 늘 얼굴이 싱글벙글하다. 환자를 보살펴줄 때도 미소를 잊지 않고 농담도 걸쭉하게 잘해 모든 사람들이 좋아한다. 환자의 기저귀를 교체할 때도 격한 냄새에도 아랑곳하지 않고 잘 넘긴다. 환자들 발톱을 깎아줄 때도 흥얼거리며 콧

노래까지 부른다. 그녀의 삶을 들어보면 그렇게 평탄하지만은 않았는데도 항상 한결같은 마음 상태를 유지하고 있다. 그녀와 근무하는 날은 괜히 기분이 좋아진다. 한날은 비결을 물었다. "샘요! 인생 별 것 있습니꺼? 재미나게 살다 가야지예!" 그래, 맞는 말이다. 이 단순한 한마디에 답이 다 들어 있었다. 이분은 자신의 삶을 늘 긍정적으로 생각하고 있었고 일이 있다는 것만으로도 감사하게 생각하고 있었다. 현재 가지고 있는 상황만으로도 즐겁고 재미나게 살고 있었다. 이것이 진짜 삶의 재미라는 것도 알았다.

당신은 어떻게 나이 들고 싶은가? 멋지게 나이 들고 싶은 사람은 죽을 때까지 행복하게 살 거라고 선포해야 한다. 그렇게 선포하는 것만으로도 인생은 훨씬 풍요로워질 수 있다. 나이 들어 좋다기보다 나이 들면서 좋은 일, 즐거운 일, 행복한 일을 만들어가겠다는 마음가짐이 더 중요하다. 내가 가진 것만으로도 즐거움을 느끼는 일이 진짜 재미다.

당신은 남들에게 어떠한 기억으로 남고 싶은가?

바로 지금 자신에게 맞는 재미를 찾는 것이 진정 '나이답게' 늙어가는 일이다.

삶의 최후까지
품위를 유지하자

사람의 품격은 어디서 나오는 것일까?

'품위 있는 죽음'은 삶만큼 중요하다고 한다. 인간은 누구나 죽음을 맞는다. 건강하게 사는 것 못지않게 중요한 것이 품위 있는 죽음이다. 사람들은 평소 살아가면서, 자신의 품위를 유지하며 존경받기 위해 많은 노력을 한다. 건강하게 살면서 품위를 유지하고 오래 사는 것도 좋지만, 과연 우리가 삶의 최후 순간까지도 그 품위를 얼마만큼 잘 유지할 수 있을지는 의문이다.

삶의 끝자락까지 품위를 유지하는 사람이야말로 사람답게 사는 사람이다. 나에게도 만약 무슨 일이 갑자기 닥쳐와 삶의 최후를 맞는다면, '과연 내 품위는 어떠할까? 끝까지 품위를 유지하다가 갈 수 있을까?' 생각해보았다. 평소에 나는 이 문제에 대해 남의 일처럼 가볍게 여겼던 것 같다. '때가 되면 언젠가는 가겠지, 그땐 미련 없이 가면 되지 뭐' 하는 정도였다. '나는 늘 건강하니까 오래 살 거다'라는 생각이 들어서 사실 깊게 생각해보지는 않았던 것 같다. 그러나 막상 누군가가 갑자기 나에게 바로 이 문제를 묻는다면, 바로 답을 못할 것 같다. 아마도 그냥 급한 대로 고상하게 포장해서 둘러대었을지도 모르겠다. 그래서 나도 이 문제에 대해서 깊게 생각해보기 시작했다.

감독 로브 라이너가 2007년도에 만든 《버킷리스트(죽기 전에 꼭 하고 싶은 것들)》라는 영화가 생각났다. 전혀 다른 인생을 살아온 부유한 독신남 에드워드 콜(잭 니콜슨)과 가정을 꾸리며 기술자로 살아온 커터 챔버스(모건 프리먼). 죽음을 앞둔 이 두 할아버지가 병상에서 만나면서부터 이야기는 시작된다. 두 사람은 병과 아픔, 죽음을 받아들이는 태도도 완전히 달랐다. 콜은 한 번도 죽음을 생각해보지 않아 자신의 삶이 얼마 남지 않았다는 것을 납득하기 힘든 반면, 카터는 다소 평온한 모습이었다. 그러나 나중에 카터도 남은 시간이 얼마 남지 않았다는 사실을 알게 되자, 콜과는 다른 방식으로 좌절한다. 자신이 죽는다는 것을 아는 것과, 그것이 언제가 될 것이라는 것을 아는 것은 또 다른 문제다. 죽음이 멀지 않았다는 것은 알고 있던 카터는 버킷리스트를 작성하고 있었다. 죽기 전에 꼭 하고 싶은 것들의 목록이었다. 그러나 정작 자신에게 정말 삶이 얼마 남지 않았다는 사실을 전해 듣자, 버킷리스트 작성을 포기한다. '곧 죽는다'라는 사실을 귀로 듣고 기존의 평정심을 유지할 수 있는 사람이 과연 얼마나 될까?

당신은 어떻게 나이 들고 싶은가

콜은 카터가 구겨버린 버킷리스트 종이를 집어다가 자신이 하고 싶은 것들, 둘이 함께하고 싶은 것들을 하나씩 적어 내려갔다. 그 후, 그들은 병실을 떠난다. 그렇게 죽음을 앞둔 두 할아버지의 의기투합이 시작되었다. 성실한 삶을 살아온 카터는 말년에 독특한 부자 친구를 만나게 되었고, 콜은 카터를 만난 후에야 비로소 인생의 의미를 알게 되었다. 마지막 가는 길을 서로가 찬란하게 빛내준 의미 있는 관계였다. 삶을 얼마 남겨두지 않고 좋은 벗을 만난 것, 함께 무언가를 할 수 있었다는 것, 그것은 전에 없이 짜릿하고 평생 가져보지 못한 경험이었다. 이 영화는 슬프지만, 유쾌하게 죽음을 맞이할 수도 있다는 희망과 그 방법을 제시하고 있어 좋았다.

생의 끝까지 최후의 품위를 유지하기 위해서는, 가혹한 운명에 매인 삶 앞에, 남들이 생각하는 자신의 모습이 아니라, 자신이 생각하는 자신의 모습에 집중해야 된다. 자신의 운명적인 삶의 명분을 찾아 품위 있게 종착점을 준비하는 것이 바람직하다고 생각한다. 죽어가거나 병이 들어도 스스로 죽음의 먹이가 되기를 거절해야 한다. 오히려 자신이 원하는 방식으로 죽음을 장악하면 어떨까? 나는 역경을 통해 인생을 어떻게 살아야 할지, 그리고 어떻게 일생을 마쳐야 할지를 깨달았다. 인생을 잘살기 위해서는 일정 기간의 배움이 필요하지만, 잘 죽기 위해서는 인생 전체의 배움이 필요하다. 이제 품위 있게 내 죽음을 위한 장례도 미리 계획하고 준비도 해봐야 할 것 같다.

조금 우스운 이야기이지만, 나는 '품위' 하면, 대부분 존경받는 사람들이나 돈 많고, 우아하고, 고상함의 전용물인 부유층 사람들한테서나 나오는 자태 정도로 가볍게 생각했다. 대부분의 사람들이 그들의 그런 모습들을 보고 '멋있다', '품위가 있다'고 말하기 때문이다. 그들의 아우라만 가지고 '품위'에 대한 품평을 했을 정도였다. 내가 생각해도 우습다. 그리고 한심한 내 모습에 잠시 부끄럽기까지 했다. 나는 이번 계기로 인간의 존엄성과도 연관 있는, 이 품위에 대해서 깊이 생각해보았다. 그리고 삶의 최후까지 어떻게 해야 품위를 유지할 수 있을까 생각했다.

우리는 살아가면서도 최소한의 품위라도 유지해야만 그나마 사람 대접을 받는다. 살아 있을 때도 품위를 잘 유지해야 하겠지만, 삶의 최후가 왔을 때도 더욱 품위를 잘 유지해야 한다. 그런데 어떻게 해야만 품위를 잘 유지할 수 있을까? 무엇보다도 품위를 잘 유지하려면 죽음이 와도 긍정적으로 받아들이는 의식 성장이 참 중요한 것 같다. 죽음 앞에서 마음의 평정심을 유지하기란 참 어렵다. 죽음이라는 단어만으로도 공포, 두려움이 앞서기 때문이다. 하지만 의식을 성장시켜나감으로써 죽음도 유연하게 받아들이지 않을까 생각한다. 미리 죽음을 준비하며 이별 연습을 하는 것도 좋다고 본다. 죽음 앞에서도 끝까지 마음을 평온하게 가지는 모습이야말로 삶의 최후까지 품위를 유지하는 방법이 아닐까 생각한다.

나는 간호사로서 말기암 환자들, 그리고 가족들과 대화를 자주 나누는 편이다. 그들은 생에 애착이 심할수록, 치료 진행 과정에만 연연해하지, 다가올 죽음에 관한 공부는 깊이 관심을 두지 않는다. 결국, 때가 되어 준비 없이 허망하게 죽음을 맞는 것을 보면 참 안타깝다는 생각을 하게 된다. 나는 개인적으로 기대여명을 어느 정도 예측할 수 있는 말기암 환자들은, 전문임종시설기관을 찾는 게 좋다고 생각한다. 적어도 임종 전 6개월 정도는 삶을 정리하는 데 써야 한다고 생각하기 때문이다. 그래서 환자와 가족이 '임종을 위한 준비'를 한다면 누구든 품위 있는 죽음을 맞이할 수 있다고 생각한다. 품위 있게 생을 정리하려면, 환자 자신이나 가족이 자유 의지로 연명 치료를 중단하는 것을 동의해야 한다. 물론 일반요양 병원에서도 연명 치료하지 않겠다고 서약은 받지만, 환자가 자신의 시간을 가져 주변을 정리하고, 가족, 친구와 못다 한 이야기를 끝낸 후, 죽음을 맞이하기엔 역부족이다.

작년 이맘때쯤이다. 지인이 들려준 얘기가 생각난다. 친척 한 분이 말기암으로 전문호스피스기관에 입원해 있어 돌아가시기 전에 마지막으로 본다며 남편과 함께 병문안을 갔다고 한다. 가면서도 그들은 걱정을 많이 했다고 했다. 아프기 이전에 워낙 풍채가 좋았고 잘생겼기 때문에 암으로 죽어가야만 하는 자신의 처지를 어떻게 받아들이고 있을까 걱정했단다. 방문을 열고 삐죽거리며 들어갔던 자신들을 환한 미소로 맞아주는데 눈물이 날 정도였다고 했다. 비록 뼈만 앙상하게 남아 있는 모습이지만, 너무나 밝고 환한 모습에 거룩하다는 느낌마저도 들었다고 했다. 어떻게 그게 가능할까? 호스피스기관에서 받는 도움 덕분이라고 했다. 처음 그곳에 왔을 때만 해도 억울해서 뛰쳐나가고 싶었지만, 영적 관리까지 받으면서 차츰 안정을 되찾고 주변을 정리하면서 지금은 많이 평온하다고 했다. 오히려 건강한 자기들 모습보다도 더 평온해 보여서 의아해했다고 한다. 미련과 집착 없이 모든 것을 다 내려놓았을 때 아마도 저런 모습이 아닐까 생각했다고 한다.

보통 사람들은 죽을병에 걸려도 살고자 하는 욕망이 너무 커서 치료에만 매달리고 집착하다가 정작 아름답게 생을 마감하지 못하고 가는 경우가 허다하다. 그들은 치료에 대한 희망의 끈을 쉽게 내려놓지 못한다. 우리 환자들도 마찬가지였다. 끝까지 몸에 매여서 헤매는 모습이 안쓰러울 때가 한두 번이 아니었다.

이제는, 죽음에 대한 우리의 의식도 조금은 바뀌어야 한다고 생각한다. 인생 공부도 중요하지만, 죽음 공부도 미리 해놓아야 한다. 환자들은 보통 호스피스에 가는 것을 '죽으러 가는 곳이다!'라는 무조건적인 선입견을 품고 있다. 자신의 남은 일상을 영위하고, 삶과의 안녕을 고하는 데는 시간이 필요하다. 여생을 얼마나 의미 있게 보낼 것인지에 집중하는 것이 마지막 삶의 질을 높이는 방법이기도 하다.

호스피스에 들어간 환자들은 처음으로 자신이 환자가 아닌 존엄한 '인간'으로서 대접받는 느낌이 든다고 한다. 우리는 존엄한 인간이다.

마지막까지 인간의 존엄성을 유지하다가 생을 마감해야 한다. 마지막 기간을 조금이라도 헛되이 보내지 않아야 하고, 사랑하는 가족과 친구와 함께 자주 대화하면서 이별을 천천히 준비해야 한다. 죽음도 삶의 한 과정으로 받아들이고, 죽기 전의 신체적·정신적 고통을 최소화하고, 편안한 상태로 죽음을 맞이해야 한다. 이것이야말로 인간이 할 수 있는 최고의 품위 유지다.

인간의 '품위 있는 죽음'은 삶만큼 중요하다.

삶에 정해진
법칙은 없다

사람들은 무엇인가에 항상 법칙을 정해놓고 그것에 따르도록 강요하는 예가 많다. '이렇게 살아야 한다, 저렇게 살아야 한다' 등등…. 하지만 삶에 정해진 법칙이란 없다. 운명을 내 마음대로 바꿀 수 없지만, 운명에 대한 나의 자세는 얼마든지 바꿀 수 있다. 삶도 마찬가지다. 내가 어떻게 사는가에 따라서 바꿀 수 있다. 자신이 원하는 대로 삶을 자유롭게 살아가면 된다. 그것에 따르는 책임 또한 자기 몫이다. 누군가가 내 삶을 조종하거나 법칙을 정해놓고 살아가도록 요구한다면, 우리는 노예나 마찬가지다. 그것은 삶의 진정한 주인이라 할 수 없다.

정해진 법칙에 맞춰 살아가야 하는 올바른 길은 없다. 또 틀리고 잘못되기만 하는 올바르지 못한 길도 없다. 니체는 "우리는 자기 삶

당신은 어떻게 나이 들고 싶은가

의 주인이자 세계의 중심이다"라고 말했다. 모두가 다 자기 삶의 주인공이 되어야 한다. 삶의 시간을 통해 배움을 알아가야 하고, 사람을 통해 삶을 알아가면 된다.

"우리 삶에 정해진 법칙은 없다."

서른 살에 '세계 100대 대학교수'가 된 위지안은 상하이 푸단대학교에서 교수로 재직하던 2009년 10월 어느 날, 골수종양 선고를 받는다. 그렇게 그는 전도유망한 젊은 학자에서 하루아침에 앞날이 얼마 남지 않은 말기암 환자가 되어버렸다. 멋진 남편과 이제 말을 배우기 시작한 예쁜 아들도 있었다. 얼마나 오래 살지 아무도 말해주지 않았고, 머릿속만 하얘졌다. 아프기 전, 젊은 여교수의 앞날은 탄탄대로처럼 뻗어나가고 있었다. 미래는 오직 성공과 행복만이 보장된 것처럼 보였다. 하지만 "우리 삶에 정해진 법칙은 없다"던 그녀의 말은 그녀의 삶에도 적용되었다. 그녀는 운명을 슬퍼하기엔 남은 생이 너무 짧았다. 그리고 깨달았다. "운명은 내 마음대로 바꿀 수는 없지만, 운명에 대한 나의 자세는 얼마든지 바꿀 수 있다"고 하면서 생의 마지막 다섯 날 동안 주어진 삶에 충실했다. 과거와 현재를 돌아보며 깨달은 것들을 일상의 대화와 함께 그녀가 블로그에 남긴 글들은 많은 중국인들의 심금을 울렸다. 지금도 그녀의 영혼은 사라지지 않고 누군가의 가슴속에 별이 되어 빛나고 있다.

삶에 정해진 법칙이 없다는 것은 모두에겐 청신호다. 신은 우리에게 자유 의지를 주면서 삶을 창조적으로 살라고 하신다. 모든 일에 주인공이 되어 살아가는 자유로운 삶이야말로 최고의 신의 선물이다. 예전의 내 삶은 결코 창조적인 삶이 아니었다. 그렇기에 이제부터 남은 인생을 좀 더 생산적이고 창조적으로 바꾸고 싶다. 그저 쳇바퀴 굴리듯 살아가는 것이 아니라 항상 모든 일에 긍정적이고 적극적인 자세를 가지며 창조적으로 살아가기 위한 나의 노력은 훗날, 내 인생에서 가장 찬란한 순간들로 기억되지 않을까 싶다.

용기가 남다른 P씨는 항상 파워풀해 보인다. 무언가를 결정할 때도 망설임이 없고 자신의 영감을 굳게 믿는다. 남의 눈치도 잘 보지 않고 타인의 시선에서 자유롭다. 그렇다고 P씨가 매번 성공하는 것은 아니다. 한 번씩 롤러코스터 타는 것 같은 인생을 살 때도 있었다. 그래도 좌절하지 않고 다시 소신껏 맡은 일을 척척 잘해나간다. 주변에서 그 비결이 궁금해 물어보면 별거 아니라고 한다. 그가 우리와 다른 점은 오직 삶을 대하는 태도뿐이었다.

그는 "삶은 모험과도 같아 도전과 경험을 즐기면서 일하다 보니까 지금의 자기가 되었다"고 한다. 그는 삶에 정해진 법칙이 없기 때문에 자기만의 룰을 정했고, 그것과 상반되는 일이면 그 일은 아예 손을 대지 않았다. 긍정적이고 모험심도 있어 매사 도전하는 것을 두려워하지 않았다. 그는 무슨 일을 시작하더라도 항상 잘된다는 생각부터 가지고 그 일에 임하며, 가끔 실패할 때도 있지만 절대 남과 비교하지 않는다고 했다. 실패해도 스스로를 다그치지 않고 편안한 마음 자세를 유지하며, 친구를 붙잡고 자신을 비관하면서 술에 빠져 살지도 않는다고 한다. 얼핏 들어보면 참 쉬운 것 같아 보였다. 그러나 곰곰이 생각해보면 아무나 할 수 있는 것이 아니었다. 한두 번 실패하고 나면 대부분 두 손을 들곤 하는데, 이분의 마인드는 조금 달랐다. 실패자들 대부분은 뭐가 잘못되었는지 분석도 안 하고 그냥 좌절만 하다가 흐지부지하게 된다. 그래서 그들은 실패자로 남겨진다. P씨는 평소 삶을 대하는 태도가 확실히 남달랐다. 왜 실패했는지를 정확히 분석하고 난 후, 다시 그것을 발판삼아 재도전하는 창조적인 삶을 살고 있었다. 그래서 그는 성공할 수밖에 없었다.

자신을 해방하는 데 정해진 법칙이 없듯이, 삶에도 정해진 법칙은 없다. 어떤 삶을 살든 그 삶의 본질은 자유다. 자신이 좋아하는 일에 자신만의 원칙을 세워서 규칙적으로 끈기 있게 일하다 보면, 반드시 값진 보상을 얻을 것이라 확신한다. 우리는 우리 삶의 중심을 잘 잡기만 하면 된다. 내가 삶을 잘 조종해서 쓰기만 하면 되는 것이다.

자칫 바쁜 삶 속에 시간적으로 쫓기다 보면 자신이 만들어놓은 삶의 계획서나 지침서대로 이행하지 못해 스스로에게 실망할 수도 있다. 하지만 주어진 그릇의 크기는 각자 다르다. 이것만 인정하면 된다. 빠르면 빠른 대로, 느리면 느린 대로 느긋한 마음을 가지고 자기 그릇에 맞게 포기만 하지 않으면 된다. 끝까지 원하는 대로 살다 보면, 우리의 삶은 결코 나쁘지 않을 것이다. 두려움을 넘어 창조적인 삶을 살 때만이 진정한 나의 삶이라 하겠다.

　오래전, 나도 나만의 삶을 멋지게 만들면서 살고 싶었다. 직장 생활만 해온 나로서는 내 분야 이외의 일을 한다는 것은 큰 모험이고 도전이었다. 집에서 살림만 하고 있다가 애들이 어느 정도 성장했기 때문에 내 일을 하고 싶어 이것저것 알아보다가 직장 생활하는 것보다는 장사하면 돈을 더 많이 벌 것 같았다. 그러다가 손쉽게 장사할 수 있는 일 하나를 발견했다. 그것은 브랜드 아동복점이었다. 오는 손님만 받고 별 신경 안 써도 된다며 주변 사람들은 그것이 괜찮을 것 같다고 조언해주었다. 내가 생각해도 왠지 쉬워 보였다. 나는 망설임 없이 아파트 상가 안에서 브랜드 아동복점을 오픈했다. 주변은 아파트 밀접 지역이라 상권도 좋았다. 처음 하는 장사라 재미도 있었고, 무엇보다 인테리어부터 모두 다 본사에서 해주기 때문에 크게 신경을 쓰지 않아도 되었다. 처음엔 그런대로 수익이 창출되다 보니, 나 자신에게도 뿌듯함을 느끼며 재미도 있었다.

　하지만 시간이 지나자 다른 아동복 브랜드들이 두 개나 더 들어왔으며, 보세 아동복 가게까지 생겨나자 경쟁은 더 치열해졌다. 오히려 브랜드 아동복들보다 보세 아동복점이 가격도 싸고 코디를 예쁘게 해놓아 엄마들 발길이 그 가게로 몰렸다. 보세 가게 때문에 브랜드 아동복 주인들은 장사가 잘 안 되어 겨우겨우 버텨나갔다. 보세 아동복점은 머리부터 발끝까지 안 사고는 못 배길 정도로 센스 있게 연출했고,

당신은 어떻게 나이 들고 싶은가

갈수록 많은 사람들이 몰렸다. 얼마 지나지 않아 그 주인은 엄마들을 상대로 보세 숙녀복까지 열어 더더욱 잘되었다. 보세가게 주인은 감히 따라 할 수 없을 정도의 센스 있는 옷과 소품들로 압도적으로 달려 나갔다. 나는 갈수록 장사가 안 되었고 파리만 날리니 의욕도 상실되어 마음은 더욱더 무거워졌다. 결국, 얼마 안 가서 브랜드 아동복점을 접어야 했다. 부푼 꿈을 안고 시작했던 가게를 헐값에 넘기고 나서야 장사는 아무나 하는 것이 아니구나 생각하게 되었다. 나는 본사에서 정해준 규칙대로 이행했고, 나의 창조성은 전혀 반영되지 않았으며, 오히려 결여되어 있었다. 만약에 내가 그 분야에서 계속 성장하려고 마음먹었다면, 나는 그 분야에 관해 계속 공부해야 했고, 쉽게 좌절하지 말았어야 했다는 것을 뒤늦게 깨달았다.

사람들에게는 다양한 삶이 있다. 많은 미래학자들은 삶을 잘 살아가려면, 새로운 시대의 사고·행동 패러다임이 바뀌어야 한다고 강조한다. 이러한 것들이 우리 삶에 매우 중요한 부분을 차지하기 때문이다.

모든 것이 변하는 격변의 시대에 살고 있기 때문에 개인의 삶도 따라서 격변한다. 용기없고 변화를 두려워하는 사람들은 이럴 때 차라리 삶에도 규칙이나 법칙이 있으면 좋겠다고 생각할 것이다. 그렇게 된다면, 그 뒤를 쉽게 그냥 졸졸 따라가기만 할 텐데 하는 생각도 할 것이다. 그러나 나는 시대에 발맞추고 살아가려면 모두가 변해야 한다는 것을 인식했다. 아울러 창조적인 내 삶을 위해 변하기로 했다. 과감하게 낡은 생각을 버리고 자신의 가치를 상대적으로 높여나가도록 끊임없이 노력해야 한다고 말이다. 또한, 새로운 타입의 행동 방식을 습득하며, 모든 환경 변화에 유연하게 대처하는 능력도 키워야 한다고 생각했다.

삶에 정해진 법칙은 결코 없으며, 다만 각자의 삶을 어떻게 잘 창조하며 살아갈지를 생각해보아야 할 것이다.

수많은 죽음 앞에서
깨달았던 것들

　나는 현재 요양병원 간호사로 근무하고 있다. 이곳에 근무하면서 많은 임종 환자들을 접하게 되었고, 어느 순간부터 죽음에 대한 작은 깨달음이 일어났다.

　죽음은 누구나 두려워하며, 나 역시 죽음이 두렵고 무서운 것은 사실이다. 오죽하면 경허 스님(1849~1912)께서도 스승 계허를 만나려 한양을 기던 중 폭우를 만나 마을로 갔지만, 돌림병으로 집집마다 문을 굳게 닫고 있어 마을 앞 큰 나무 밑에 앉아 밤새도록 죽음의 위협에 시달리다 '죽음 앞 혼비백산 내 배움이 헛대도다' 하시면서 이제까지 인식했던 생사불이(生死不二)의 이치가 문자 속에 얽매여 있었음을 깨닫고 새로운 발심을 했다는 일화도 있다.

　그만큼 죽음은 누구에게나 두렵다.

우리 병동 K어르신은 평소에 종교를 가지고 계셨을 뿐만 아니라 병실에서도 수시로 기도하는 모습을 보였고, 자신은 죽으면 신이 자신을 구원해주실 거라고 굳게 믿는다며 우리한테도 신을 믿는 게 좋다는 말씀을 늘 해오신 분이었다. 그래서 나는 그분만큼은 다른 환자들보다 죽음이 와도 죽음을 담대하게 받아들이고, 죽음의 공포와 두려움으로부터 조금은 초월해 있을 줄 알았다. 하지만 막상 건강 상태가 악화되면서 중환자실로 들어왔을 때는 초조함과 불안한 모습이 얼굴에 역력히 나타났으며, 거의 매일 잠도 자지 못했다. 때론 헛손질하며 누군가를 뿌리치는 행동도 보였고 혼잣말로 자신을 내버려두라고 하면서 마치 죽음과 대면하듯 "나는 안 갈거다"라며 몸부림쳤다. 시간이 지나 결국 의식이 흐려지면서 2주 정도 지난 뒤, 평온하지 못한 상태로 돌아가셨다.

이런 죽음들을 보면서 나 자신을 한번 돌아보았다. 어느 날, 이 세상 인연이 다해 죽음이 내 곁에 온다면, 나는 어떤 마음으로 죽음을 맞이할까? 무엇을 후회하고 무엇을 깨달을까? 나 같은 경우, 인생의 시간을 너무 낭비하고 안일하게 살아왔다는 것과 꿈을 행동으로 실천시키지 못했던 것, 가족, 친구, 지인들을 더 많이 사랑하고 마음을 내주지 못했던 것, 또한 죽음의 공포와 두려움을 초월하기 위해 의식 성장을 더 시켜주지 못했던 것을 가장 후회할 것 같다. 죽음이라는 허망함 앞에서 후회하지 않으려면 가치 있는 삶을 살아야겠다는 생각이 들었다. 가족들과 더 많은 시간을 함께하며 사랑을 주고, 내 삶을 배

당신은 어떻게 나이 들고 싶은가

움과 알아감에 더 가치를 두어야겠다고 생각했다. 남들처럼 똑같이 살 필요가 없다는 것을 깨달았으며, 이제 나다운 길을 추구하며 마음을 다해 뜻하는 바를 행하는 삶을 살아야겠다고 생각했다. 그리고 영적인 삶도 추구해 죽음 앞에 좀 더 초연해질 마음가짐을 배워야겠다고 깨달았다.

사실 요양병원에서 매번 죽음과 대면하는 것이 생각보다 마음을 지치게 할 때도 많다. 대부분 평온한 모습으로 생을 마감하는 것이 아니기 때문이다. 두려움, 불안한 죽음 앞에 초연해질 방법은 없을까? 56세의 환자 B씨는 한창나이에 간암 말기로 얼마 전 세상을 하직했다. 그분은 조금 특별했다. 자신이 가진 시간이 얼마 없다는 것을 정확히 인식하고 마음의 각오를 단단히 하셨는지 다른 암 환자들과는 달리 진통제 맞는 횟수도 덜했고 고통도 많이 참는 편이었다. 두려움과 불안함이 적어 보였으며, 다른 환자들과는 확실히 달랐다. 혹시 종교가 있냐고 물어보았더니 아니라고 했다. 40대 때 마음 공부만 조금 했다고 씩 웃었다. 아마도 비관 대신 자신의 현재 상황을 고스란히 받아들이고 깊이 성찰해 영적 깨달음을 얻어서 그렇지 않았나 생각이 들었다.

우리는 어릴 때부터 착한 사람은 죽어서 천당 가고 나쁜 짓한 사람은 전부 지옥 간다고 배웠다. 이런 교육 때문에 우리는 죽음을 더 두렵고 무서워하는지도 모른다. 나도 그렇게 생각하면서 살았다.

그런데 얼마 전, 유체이탈 경험을 한 사람이 쓴 책을 읽었다. 우리가 생각하는 그런 죽음의 공포는 아니었다. 좀 더 알고 싶어 영적인 내용에 관한 책들, 사후세계 이야기, 임사체험, 그리고 전생을 기억하는 사람들에 관한 책들을 읽었다. 책을 읽고 너무 죽음을 두려워하고 무서워하지는 않아도 되겠다는 생각이 들었다. 좀 더 깊이 알고 싶어 영적인 것에 관한 유튜브 동영상들도 찾아보았다. 과학적으로 증명되지 않은 것은 믿지 않는다는 세계적으로 유명한 뇌 과학자 중 한 분인 이븐 알렉산더 박사도 사고로 뇌사 상태가 되었다고 한다. 살아날 확률은 1%도 안 되었지만, 그는 7일 만에 깨어났으며 자신의 임사체험을 집필했고 〈오프라 윈프리쇼〉에 나오기도 했다. 이제 나도 알게 되었다. 죽음을 너무 무서워하지 말아야겠다고….

그렇다면 삶의 끝자락을 어떻게 멋있게 보낼 수 있을까. 이번 생에 내 할 일을 다 끝내고 때가 되어 가야 할 시간이 왔다면, 쿨하게 굿바이하고 갈 수 있을 정도의 의식을 키워야겠다고 생각했다. 의식 성장을 위해 기도와 명상을 하고, 도움이 되는 좋은 책을 많이 읽고 봉사를 통해 의식을 더 확장시켜야겠다고 생각했다. 그리고 죽을 때까지 재미있게 살다가 후회 한 점 남기지 않고 가야겠다고 마음먹었다.

나는 이런 생각들을 노년들과 함께 나누고 싶다. 우리는 그렇게 할 수 있다. 지금도 늦지 않았다. 춤추고 노래 부르고 취미 생활도 열심히 하면 된다. 어려운 상황이라도 사소한 즐거움을 찾아보면 있게 마련이다. 그 사소함을 만끽하고 살면, 인생도 즐겁게 느껴진다. 너무

당신은 어떻게 나이 들고 싶은가

나이 들었다고 제발 주저하지 말라. 내가 할 수 있을 만큼만 일을 찾아보자. 어떤 일이라도 좋다. 즐기면서 일하다 보면 생동감이 일어난다. 살아 있음을 느낀다. 늙었음을 잊게 된다. 주어진 것에 항상 감사하고 소소한 즐거움을 찾아 마음껏 즐기면 된다. 충분히 누릴 수 있는 삶의 기쁨들을 찾아 헤매야 한다.

나는 최근 죽음을 전보다 가벼이 여기는 마음이 생겨나면서 모든 것에 감사함을 자주 느낀다. 시간을 헛되게 보내지 말아야겠다는 생각이 들어 자기계발에도 열중이다. 큰 슬픔을 극복하기 위해서는 동일한 크기의 커다란 기쁨이 와야 한다고 생각했다. 그런데 그 생각도 바뀌었다. 소소한 즐거움이라도 자주 생겨 그 기쁨을 충만히 느낄 때, 큰 슬픔은 어느덧 사라져버렸다. 행복하기로 마음먹으면 그대로 되는 것이었다. 우리가 정작 후회해야 할 일은 주어진 미션을 수행하지 못하고 죽는 것이다. 이제 우리도 죽음에 관한 생각을 바꾸어야 한다.

죽음의 의식이 아프리카의 어떤 원주민처럼 기쁜 날이 되어 축제 같았으면 좋겠다는 생각도 해본다. 그들은 '이번 생 잘 살다가 이제 때가 되어 본연의 고향으로 되돌아가니까 이 어찌 기쁘지 아니한가!'라고 말하며 죽음을 슬퍼하기보다 축제라고 생각한다. 문화적 차이는 있겠지만, 그렇게라도 죽음을 좀 가볍게 생각해보자는 의미다.
그렇게 생각하다 보면 요양병원에 입원해 있다가 생의 마감할 시점이 와도 두렵거나 무섭지는 않을 것이다. 하지만 살아 있는 동안 내가 원하는 삶을 후회 없이 살았던 자만이 죽음이 와도 두려워하지 않고 미련 없이 본연의 고향으로 갈 마음을 가질 것이다.

자식의 인생에
개입하지 마라

내 몸을 빌려 낳았지만, 사실 자식은 하늘의 자식이다. 내가 낳았으니 내 자식이라는 생각을 버렸으면 한다. 요즘 다 큰 자식들에게 부모들이 개입하게 되어 서로 소통이 안 되고 갈등을 초래하는 경우가 너무나 많다. 자식을 아직도 자신의 소유물로 여기기 때문이다. 그러다 결국 자식 인생까지도 망친다. 자신이 원하는 대로 욕심을 한껏 부렸다가 이런 낭패를 당하는 경우를 보면 난감하다.

부모들은 대개 자식을 낳자마자 희생하고 참고 인내하는 사람이 된다. 나와 닮은 내 분신을 통해 자신이 못해본 것에 대한 한이라도 풀려고 정성을 다한다. 이 행동이야말로 부모들에겐 도전이자 축복이 된다. 그러나 부모 인생과 자식 인생은 확연히 다르다는 것을 명심해야 한다.

자식의 인생에 크게 간섭하는 것은 자녀를 망친다. 부모의 독단적인 개입은 그들의 의사는 전혀 존중하지 않는다. 아이는 어릴 때 잘 돌봐주고 스무 살이 넘으면 자립시키면서 그들 스스로 삶을 개척해나 가도록 해줘야 한다.

공을 들여 키워놓은 K씨의 35살 아들은 요즘 그의 부모님과 대립 중이다. 부모의 지나친 간섭과 잔소리 때문에 젊은 나이인데도 스트 레스를 많이 받아 원형 탈모까지 생겼다. 어릴 적부터 부모님으로부 터 받은 상처도 매우 깊다. 고분고분하던 성격은 온데간데없어졌고 분노 조절 장애까지 생겼다. 자기 스스로 하는 일이 별로 없고 스스로 판단해서 결정도 잘 못 하는 결정 장애까지 있다. 부모가 시키는 대로 하는 마마보이로 길들어 있기 때문이다.

K씨는 자기 아들이 무엇을 좋아하고 무슨 꿈을 꾸고 있는지는 안 중에도 없었다. 아들은 뮤지션이 되는 게 꿈이었지만, 아들의 취미와 개성, 원하는 일, 하고 싶은 일, 꿈을 모두 무시한 채 부모가 원하는 대학에 들어갔고 세팅된 로봇처럼 말도 척척 잘 들었다. 어머니가 골 라 준 여성과 결혼까지 했다. 성격 장애로 사회생활이 힘들어지자 결 국 아내와는 이혼하게 되었다. 현재는 부모와 함께 살고 있지만, 아 들은 방에서 잘 나오지 않는다. 친척의 도움으로 작은 회사에 들어갔 지만, 결국 적응 못 하고 나왔다. 아들은 지금 부모를 몹시 원망하고 있다. 드라마에서나 볼 수 있는 그런 상황이다. 정신과 진료도 받아 보았지만, 역부족이다. 무엇보다 부모가 아직 무엇을 잘못했는지 모 르는 게 문제다.

당신은 어떻게 나이 들고 싶은가

왜 부모들은 이토록 자식들한테 집착할까?

자식 키우는 것을 투자 개념으로 생각해서일까? '내가 너를 어떻게 키웠는데!' 이 생각 때문에 더 그런 것 같다. 마치 잘 키워놓고 복리 이자를 붙여서 되돌려 받으려고 그러는지는 모르겠다. 아니면 든든한 보험 하나 들어놓은 것처럼 생각하는 경우 때문일 수도 있겠다. 이런 분들은 하물며 결혼한 자식들 살림살이까지도 간섭한다. 오죽하면 며느리가 질려서 시댁 때문에 이혼하는 경우가 다반사다. 참으로 가슴 아픈 일이 아닐 수 없다.

내가 아는 50대 후반 중년 부인은 아들이 선보러 나가면 몰래 그 장소에 가서 훔쳐본다. 선을 보고 온 아들에게 그 아가씨는 이래서 안 되고, 저 아가씨는 저래서 안 된다며 조언한다. 벌써 몇 번째인지 모른다. 결국, 아들은 어머니 때문에 해외 근무를 신청해 나가버렸다. 그녀는 평소에도 수시로 아들에게 전화해 '몇 시에 끝나느냐', '아무나하고 데이트하면 안 된다' 등등 끊임없는 감시와 잔소리를 했기에, 주변에선 오죽하면 아들이 자청해서 해외로 도망가다시피 했겠느냐고 수군거린다. B여사는 재력가로 아들이 장가갈 때 아파트며 상가도 미리 분양받아 그들에게 주었다. 며느리는 착하지만 가난한 집에서 자랐다. 당연히 며느리는 무시받았고, 집안 대소사는 군소리 없이 해야만 했다. 게다가 시어머니는 일일이 아들네 살림살이에 잔소리해댔다. 극심한 스트레스로 며느리는 몸은 야위어갔다. 나중에 이 젊은 며느리는 위암에 걸렸다. 재산이고 뭐고 이제는 이혼해 자신만의 인생을 살고 싶어 한다. 지나치게 자식의 일에 개입해 일어나는 일들이 어디 이쁘이겠는가?

부모는 자식이 올바른 길을 갈 수 있도록 방향성만 제시하면 된다. 성인으로 살아가는 자식들의 의사를 존중해주어야 한다. 방향성을 제시하는 것을 넘어 과도하게 개입하면 부작용이 생길 수밖에 없다. 법륜스님께서는 "기대하고 의지하는 마음엔, 반드시 고통도 따르게 마련이다"라고 말씀하셨다. 의지하고 기대다 보면 내 생각, 내 판단, 내 주체성은 사라지고 늘 주변 사람들에게 매여서 매사가 혼란스럽고 괴로울 수밖에 없다고 한다.

나는 자식들에게 애당초부터 집착의 끈을 놓았다. 내가 부모한테 효도라고 제대로 한 것이 없는데, 어찌 부끄럽게 자식들한테 효도를 받겠는가 하는 생각 때문이었다. 나는 그들이 성장할 때까지 부모로서 해줄 수 있는 것만 해주었고, 그들 스스로 자립할 수 있게 했다.

그리고 일체 자식들의 효도는 바라지도 않았다. 기대하다 실망하면 내가 상처가 될 것 같아서 그렇게 생활해왔다. 그런데 자식들이 알아서 나를 챙겨주니 얼마나 고마운지 모른다. 그리고 친구들과 모이면 항상 무조건 "덕분이다" 소리를 입에 달고 다니라고 조언했다. 자식들의 형편이 여의치 않아 기대 이하의 선물을 주더라도 '다 네 덕분이다. 고맙다!' 이렇게 말하고 무엇이든 덕분이라는 소리를 하면 만사형통이라고 했다.

당신은 어떻게 나이 들고 싶은가

L어르신은 실제로 내가 가르쳐준 대로 '덕분'이라는 소리를 입에 달고 살았더니 좋은 일만 생기더란다. L어르신은 아들만 세 명에 며느리 역시 살갑게 대해주지 않았다. 그래서 딸 있는 집을 부러워하곤 했다. 만나는 사람들한테 매일같이 자식들의 못마땅한 부분에 대해서 흉을 보면서 '자식 키워봐도 아무 소용이 없다'는 소리를 입에 달고 살았다. 계속 이 상태로 가다가는 말년은 불 보듯 뻔했다. 그래서 '덕분입니다' 소리를 입에 달고 살아보라고 했다. 자식에게 전화가 와도 '네 덕분에 잘 있다' 하고, 용돈을 주면, '네 덕분에 내가 요긴하게 잘 쓸 수 있을 것 같다' 하고 무슨 말을 해도 전부다 '네 덕분이다!'라는 소리를 계속 입에 달고 살라고 했다. 그렇게 시키는 대로 하다 보니까 이제는 멀어졌던 자식들도 오히려 전화가 자주 오고, 며느리, 손주들까지도 자신을 살갑게 대한다고 얼굴에 함박꽃이 만발했다. 지금은 자식들 일에 전혀 간섭을 안 하고 있으며, 집안 대소사 일까지도 자식들한테 맡겼다 한다. 모든 일에 일체 개입을 안 하고 보니 오히려 가족들 관계까지도 좋아졌다며 고마워하고 있다.

나이 들어서 사랑받을 수 있는 처세술 중에 이것만 한 것도 없다. 이렇게 마음을 비우고 감사하는 마음으로 살다 보면, 자신의 의식이 더 성장해가는 것을 알 수 있다.

사람들이 보통 자식들 일에 개입하는 것을 보면 '내 자식이 나보다 더 나은 삶을 살았으면 좋겠다'라는 생각이 더 커서일 것이다. 하지만 지금의 자식들은 우리보다 훨씬 진화된 사람들이다. 충분히 자기 앞

길을 스스로 개척해나갈 수 있다. 자식들이 물어올 때 방향성만 잘 제시하면 된다. 이것만 알고 있으면 자식들과의 갈등이나 대립은 더 이상 생기지 않을 것이다.

사람들은 살아가면서 결국 '의미 있는', '보람 있는' 것들을 추구한다. 자식 일에 개입해서 갈등을 빚을 그 시점에 차라리 '나의 의미 있는 일은 무엇일까?', '보람 있는 일은 무엇일까'를 찾아 나서는 게 더 낫다고 본다. 의미 있는 인생이 되려면 어떻게 해야 할까에 대해서 고민하는 사람이 성숙한 더 큰 어른일 것이다. 이제 우리는 더 이상 자식의 인생 설계나 그들의 삶에 개입하지 말고 그 시간에 남은 인생을 어떻게 멋지게 살고, 즐겁고 행복하게 보낼 것인가만 고민했으면 좋겠다.

인생은 내 뜻대로 되는 게
잘 없다

마음먹은 대로만 된다면 세상을 살아가는 일은 아무 걱정거리가 없을 것이다. 내 뜻대로 안 되는 것이 인생이다. 뜻대로 안 되다 보니까 화가 나고, 좌절하고, 그러다 또 뜻하지 않게 기쁜 일이 생기기도 하고, 계획을 잘 세워서 일한 것이 망하기도 하고, 계획 없이 벌렸던 일이 오히려 더 잘되는 경우도 가끔 생긴다. 인생은 참 아이러니하다. 그리고 인생은 우리들에게 다양한 경험을 하게 하고 많은 것을 선물처럼 선사하기도 한다. 사람들은 이루지 못한 일에 대해서 후회할 때, 흔히들 과거로 돌아가면 지금과는 달리 더 열심히 잘 하겠다고 말한다. 하지만 정작 그런 기회가 주어진다면 과연 그렇게 할 사람들이 얼마나 있을까? 당장 어제 하겠다고 한 일도 제대로 하지 못한 사람들이 많은데, 그런 일들이 계속 쌓인다면 후회하는 자신과 직접 대면하게 될 것이다. 그때는 또 무엇이라고 말하겠는가?

이미 지나간 과거를 우리는 절대 변화시킬 수 없다. 이건 불변의 진리다. 내가 아는 동생은 자신의 이상형(능력 있고, 착하고, 자상한)과 결혼해서 행복하게 살 줄 알았다고 한다. 연애 시절, 남편은 살갑고 부드러운 면은 없었지만, 괜찮은 회사에 다니고, 27평 아파트도 하나 있고 무엇보다 착하고 자상한 것 같아 결혼했는데 막상 살아보니 너무 자상해 모든 사용 설명서뿐만 아니라 하물며 세금 고지서 날아온 것까지도 일일이 읽어주며 다시 긴 설명을 한 번 더 해주는 통에 미치고 팔짝 뛰겠다고 한다.

뭐든 자상하게 챙겨주는 것은 좋은데 긴 설명, 아니 연설에 가까운 설명을 듣고 있자면, 정말 죽을 맛이라 말하며 차라리 좀 무심했으면 좋겠다고 한다. 남편은 회사에서도 별명이 FM이란다. 너무 정석대로 일해 이제는 답답해 보이고, 융통성도 없어 보인다고 한다. 차라리 자상함이 없어도, 성격이 과묵해 딱 필요한 말 몇 마디만 하는 남자였음 좋겠단다. 그동안 살면서 결혼도 인생도 다 자기 뜻대로 되지 않는다는 걸 알았단다. 이렇게 자신이 생각했던 이상형과는 동떨어진 결혼에 후회하지만, 이미 때는 늦었다고 왜 이렇게 인생이 자기 마음대로 안 되는지 모르겠다고 투덜거리며 하소연한다.

인생을 살아가는 데 정답은 없다. 실수한 것은 실수한 대로 그 나름의 방식을 찾아가는 것이 삶이다. 상처를 받아도 삶은 계속된다. 인간은 겉으론 행복해 보일지라도 제각기 다른 상처를 안고 살아간다. 상처와 실수로 인해 다시 일어서는 법을 배운다. 이것 역시 주체

당신은 어떻게 나이 들고 싶은가

성의 회복과 자존감을 되찾는 게 아닐까. 옛날부터 어른들이 하는 말에 씨실과 날실이 엮여 이루어지는 게 인간의 삶이라고 했다. 우리는 여기저기 많은 실수를 하면서 살아가는 것 같다. 일사천리로 내 뜻대로 다 잘되는 경우는 몇 안 된다.

그리고 내 마음에 들지 않는 부분이 있다고 해서 그것을 찢어버리고 싶지는 않다. 그것이 없었더라면 나의 삶은 지금의 내가 아니었을 테니까. 지금은 만족스럽지 않더라도 언제나 나의 선택에 그 나름의 의미가 있다. 중요한 것은 내가 결정했고, 내 주체적인 삶이라는 것이다. 혹시 아나? 나중에 가면 그 나름대로 괜찮은 삶이었다고 만족할 수 있을지….

그런 의미에서, 실수하고, 완벽하지는 않더라도 나는 다른 것들도 계속해볼 생각이다. 끊임없이 실수하고 상처받아도 내 인생 자체가 이제 낯설지는 않다. 누구에게나 말할 수 있는 경험의 노하우가 나를 기다리고 있다. 그렇게 인생은 어딘가에 존재할지 모르는 희망을 품고 계속 살아갈 수 있도록 만들어준다.

하루는 아는 지인이 커피 한잔하자고 전화가 왔다. 오랜만에 만나는 지인의 표정이 밝지 않았다. 무슨 일이 있는 게 틀림없었다.

조심히 말을 꺼내 보인 그녀는 긴 한숨을 내쉬면서 말한다. "왜 내 인생이 내 뜻대로 되는 게 하나도 없는지 모르겠다"며 살짝 눈에 이슬까지 맺혔다. 결혼도 인간관계도, 자녀들 문제도 자신의 뜻대로 되지 않아 절망적이고, 지금은 '왜' 사는지를 잘 모르겠단다. 여태껏은 그런대로 자기 뜻대로 굴러온 것 같았는데, 지금은 남아 있는 게 하나도 없고, 모든 게 엉망이 되어버려서 어디서부터 무엇을 어떻게 해야 할지 모르겠단다. 예전에 자기가 잘나갈 때 교만하고 남들을 무시했던 것 같았는데, 그 벌을 지금 받고 있지 않나 하는 생각마저 든다고 한다.

내 경험에 비추어볼 때 이 지인도 지금, 자신의 삶을 돌아보고 성찰할 때가 온 것 같았다. 나의 지난 어려웠던 경험들을 들려주면서 희망의 끈을 놓지 말고 용기를 가지라고 말해주었다. 이 또한 반드시 지나가더라고 응원해주었다.

될 때보다 안 될 때가 훨씬 더 많다. '안 되는 게 세상사 원칙이다', '원래 그런 것이다'라고 생각하면 마음 편하다. 우리에게 시련과 실패는 한 쌍으로 다가온다. 세상에 고통 없는 삶은 없다. 이런 사실을 부정하지 말고 온전히 인정하고 받아들일 때, 우리에게는 다시 길이 열린다.

그렇게 인생을 하나하나 엮어가고 만들어가는 과정이 더 진솔한 재미가 아닐까 생각해본다. 사실, 우리의 정신은 좀 약하다. 그래서 쉽게 포기하고 절망하면서 힘들다. 고달프다고 말한다. 헬렌 켈러는 "쉽고 편안한 환경 속에서는 강한 인간이 만들어지지 않는다. 시련과 고통의 경험을 통해서만 강한 영혼이 탄생하고 통찰력이 생기며 일에 대한 영감이 떠오른다. 이 모든 과정을 겪은 뒤에 찾아오는 것은 단하나, 바로 성공이다"라고 했다.

당신은 어떻게 나이 들고 싶은가

인생은 굴욕의 연속이다. 인생에 굴욕이 없다면 '정말 멋진 인생이다!'라고 말 못 한다. 이런 인생인데도 즐겁게 신나게 살다 보면 진짜로 즐겁게 느껴지고, 언젠가는 내 뜻대로 다 이루어지리라고 굳게 믿는다.

29살 H양은 어려운 환경 속에서 할머니와 두 동생을 책임지는 가장이다. 결혼은 아예 포기하고 가족들을 위해 희생하며 살고 있다. 어려운 환경 속에서도 돈을 조금씩 모아두었는데 몇 년 전, 금융사기로 얼마 안 되는 돈마저 몽땅 잃고 말았다. 자기는 정말 착하게 열심히 살고 있는데, 인생은 왜 자기 뜻대로 안 되고 이런 시련이 오는지 알 길이 없다고 한다. 처음엔 의욕도 없고 세상이 너무 힘들어 자살까지 생각했었다고 한다. 자신을 짓누르고 있는 양어깨가 너무 무겁고 버거워 견딜 수가 없었다고 했다. 그러나 우연히 여동생의 수첩에 적어놓은 글을 보고 다시 희망을 품게 되었다. 거기엔 동생의 꿈이 적혀 있더란다. 고생하는 언니를 꼭 도와서 자기도 결혼 안 하고 돈을 모아 멋진 집에서 언니랑 평생 살 것이라는 글에 감동받아 다시 자그마한 희망을 품고 일어날 수 있었다고 한다. 지금은 야간 대학에 다니면서 '제2의 인생 설계'을 하고 있다.

어려운 환경 속에서도 희망을 품고 앞으로 나아가는 사람들의 모습은 참 행복해 보인다.

사람의 소유욕에는 한계가 정해지지 않았다. 때론 거창하게 목표를 세워서 돌진하다가 이루지 못한 결과에 실망하고 허탈감에 빠져서 좌절하기도 한다.

패배감에 몸부림치다가 세상을 원망하며 눈물도 흘리고, 하염없이 무기력한 날들을 보내기도 한다. 때론 원하는 것을 갖기 위해 피도 눈물도 없이 행동하기도 하고, 그러다 자기가 원하는 걸 가지게 되면 만족감에 취해 오만해지기도 한다. 하지만 그것이 영원하지 않다는 것도 곧 깨닫게 된다. 그렇게 충분한 만족감을 못 본 우리는 다시 그걸 소유하기 위해 끝까지 노력해나갈 것이다.

다시 한번 더 말하지만, 인생은 내 뜻대로 되는 게 잘 없다. 그래도 희망을 갖고 각자가 자기 인생의 주인공이 되자. 길모퉁이를 돌면 무엇이 있을지 알 수 없지만, 그냥 가장 좋은 게 있다고 믿고 살면 된다.

힘든 것을 남이 알아주길
절대 바라지 마라

　나는 예전에 남편을 여의고 내 슬픔, 괴로움, 힘든 상황들을 주변 사람들이 알아주고 위로해주길 속으로 많이 바랐었다. 남편은 임종 전까지 다섯 번의 뇌종양 재발로 회사가 문을 닫았고 그나마 있던 집도 날라 갔으며, 경험해보지 못했던 일들을 한꺼번에 겪는 바람에 내 인생 최고의 고비를 맛보면서 살아야 했다.

　주변에선 내가 혹시나 극심한 우울증에 빠져서 헤어 나오지 못하는 것이 아닌지 걱정은 해주지만, 크게 도움을 주지 못하기에 시간이 지날수록 조심스러운지 나에게 안부 전화해주는 횟수도 줄어들었다. 그때 사실 나는 먹고살기 바빴고, 아이들 공부시키느라 낮에는 정신없이 직장 생활을 하며 온전히 슬픔조차 내색할 수 없었던 시기였다. 내가 갑자기 가장이 된다는 무거운 책임감이 나를 짓눌렀지만, 자식들의 눈을 바라보고 있자면 슬퍼할 시간도 없었다. 그러다 고요한 시간에는 나 혼자 덩그러니 남겨져 초라해진 내 모습에 목 놓아 울곤 했다. 애들이 깨어나서 엄마의 모습을 보고 마음 아파할까 봐 수건으로 입을 틀어막고 소리조차 크게 내지 못했던 슬픈 나날들이었다. 아이들을 생각해서 나는 슬프고 우울한 생각들을 의식적으로 멀리했다.

밖에서 보는 나는 늘 밝은 모습이었고 어두운 그림자는 별로 보여주지 않았기 때문에 다들 내가 잘 살고 있는 줄 알았다고 한다. 친구들은 "너니까 이렇게 잘 견뎌내고 씩씩하게 잘 산다. 우리 같으면 우울증에 걸려서 아마 죽었을 거야!"라고 칭찬처럼 말해주었다. 하지만 나는 그때 정말 많이 외로웠으며 무척 힘이 들었다. 나의 이 힘든 마음을 누가 제발 좀 알아주었으면 좋겠다고 생각했었다. 그러나 힘든 것을 남이 알아주길 바라지 말아야한다는 것을 뒤늦게 깨달았다.

세월이 좀 흘러 슬픔의 무게가 가벼워질 무렵, 내 처지와 비슷한 지인과 얘기를 나누게 되었다. 대화를 나누다 보니 그녀는 자존감이 많이 낮아져 있었으며, 말끝마다 앓는 소리를 했다. 그리고 세상을 비관적으로 말하고 부정적이었다. 순간 나는 '아차!' 하고 지난 일을 떠올렸다. '나도 몇 년 전에 이랬었나?' 하는 생각에 당황스러웠다. 결코 좋은 모습은 아니었다. 나도 분명 예전에는 내 슬픔에 빠져서 위로받고 싶어 친구를 붙잡고 이런 이야기들을 했을지도 모르겠구나 하는 생각이 들었다. 그 당시 그들도 많이 부담스러웠을 것이라는 생각이 들자 미안해지기 시작했다.

당신은 어떻게 나이 들고 싶은가

누구나 큰 슬픔과 감당하지 못할 괴로움이 자기에게 온다면 힘들고 쉽게 극복하기 어려울 것이다. 하지만 아무리 힘든 일이 있더라도 친구나 지인들에게는 자신이 나아갈 방향에 대해서만 조언을 받아야지, 이러쿵저러쿵 앓는 소리나 부정적인 자신의 신세 한탄만 하면 상대방도 부담스러울 것이다. 지인과 만남 이후 나는 마음을 더 굳게 다잡았다. 어떤 방식이든 문제가 일어나면 나 스스로 해결하고 이겨나가는 해결 방법을 찾고자 노력했다. 우리의 내면을 좀 더 깊게 들여다보면, 모든 문제 해결은 충분히 스스로 해결해나갈 수 있는 지혜가 있다. 우린 그것을 끌어내 사용하기만 하면 된다. 살면서 돈 걱정, 인간관계 걱정, 자식 걱정, 집안 걱정, 걱정 아닌 것이 없다. 그리고 불안하고 힘든 일들은 왜 또 그렇게 많은지….

우리는 자신의 힘든 부분을 누군가 꼭 좀 알아주었으면 좋겠다고 갈망한다. 힘든 부분을 나 몰라라 하거나 무시해버리면 괜히 심술도 나고 은근히 화도 난다. 우리 내면에서는 아마 이렇게 말하고 있을지도 모른다. '내가 지금 많이 힘들어! 힘들어 죽겠어! 나의 힘든 부분, 그것 좀 인정해줘!, 그리고 나 좀 봐줘!' 하면서 말이다. 힘든 부분을 당연하게 알아주길 바라고 위로받고 싶어 한다. 내가 힘들었던 당시에도 친구와 지인들이 내 처지를 알아주고 동조해주어서 많이 위로가 되었던 것은 사실이다.

하지만 시간이 지날수록 만날 때마다 하소연하는 것보다 차라리 내가 씩씩하게 삶을 잘 사는 모습을 보여주면 그들도 나를 만날 때 덜 부담스러울 것이라는 생각이 들었다. 나약해 빠진 모습 말고 밝은 모습을 보여주게 되면 우리 관계도 더 좋아지고 서로가 행복해지지 않겠나 하는 생각이 들자 나는 망설임 없이 바로 실천에 들어갔다. 아무리 힘든 일들이 생기더라도 조금만 마음을 내려놓고 비우면 이 상황들이 다 가벼워진다는 것도 알게 되었다.

많은 것들을 바라지 않고 작은 일에도 늘 감사함을 느끼며 살아가게 되자, 삶 자체가 행복해지기 시작했다. 그리고 힘든 것을 내색하지 않고 사는 것도 내 자존심을 지키는 길이었다. 이후 나는 사람들에게 자주 이런 말을 하곤 했다. 자식이나 친구들에게 힘든 상황을 말로 해서 위로받으려는 노력을 접고, 나만의 개성 있는 놀이 문화를 만들어서 재미있고 유쾌하게 누릴 수 있는 즐거움을 찾으면 인생은 살 만한 것이라고 말이다. 우리는 '나의 어려움을 남들이 결코 잘 알아주지 않는다는 것'을 알아야 한다.

누구나 나이를 먹으면 몸도 여기저기 아프고 기억력도 감퇴하고 무기력에 빠져 잘 움직이지 않으려고 한다. 나도 그런 것 같다. 그래서 또 긍정적으로 마음을 다잡았다. '신체에 찾아드는 노화도 손님 맞아들이듯이 가볍게 받아들이자' 생각하니 한결 마음도 편안해지면서 기분도 좋았다. 손님은 잠시 머물다 가므로 노화도 잠시 머물다 가게끔 생각했다. 내가 젊다고 생각하면 생체리듬이 그렇게 세팅되어져서 실제 노화 속도도 느려진다고 한다. 혹시나 나도 모르게 "아이고 힘들어!" 또는 "아이고 다리야, 허리야" 하면서 힘든 기색과 앓는 소리가 내 입에서 자동으로 튀어나올까 봐 굉장히 조심하고 있다. 습관적으로 이런 말들을 늘어놓는 사람들이 대부분이라 정말 말을 조심해야겠다고 생각한다. 어른들의 앓는 소리를 자식들도 별로 좋아하지 않는다. 내가 아픈 것조차도 남이 알아주길 바라서는 안 된다.

70세 K형님은 남자같이 호탕하고 배포도 클 뿐만 아니라 만사 자기 뜻대로 살아가는 분이다. 50대부터 자궁에 물혹이 있었는데 시간이 지나 점점 커져서 수술하자고 했는데도 여태 안 하고 버티고 있다. 물혹이 이기나 내가 이기나 한번 해보자는 의미다. 그리고 매일 "나는 건강하다", "나는 건강하다" 이렇게 주문처럼 외우니까 지금까지 수술하지 않고도 멀쩡하단다. 노화로 혹이 더 이상 자라지는 않았겠지만, 자신의 신념이 그렇게 만들었다고 항상 자랑스럽게 말하곤 한다. 그리고 대화할 때는 긍정적인 말만 한다. 우리끼리 얘기 도중에 부정적인 말을 무심코 했다간 그 형님 앞에서는 야단을 맞는다. 힘든 상황을 자꾸 말하면 그 힘으로 안 좋은 기운을 계속 끌고 와서 환경을 더 나쁘게 만들어간다고 되도록 무조건 긍정적인 말만 하라고 말씀하신다. 젊은 시절 온갖 풍파 다 겪고 나니까, 말이 씨가 되어 나타나는 것을 알았다면서 힘들다고 푸념 늘어놓는 것도 습관이고, 남에게 피해를 주는 것이라고 하신다. 그리고 이렇게 말을 하신다.

"힘든 것, 남이 알아주면 얼마나 알아주겠니?"

"답은 다 내 안에 있어!"

힘든 것을 알아달라고 하는 궁극적인 내면에는 아마 외로움이 자리 잡고 있을 것이다. 외로우니까 자꾸 내 슬픔조차도 누군가가 좀 알아주길 바라는 것 같다.

인생사 힘든 것을 남이 알아주길 바라는 마음을 누군가는 욕심이라고 했다. 기대와 욕심을 내려놓는 것이 어떨까. 그러면 한층 밝아진 나의 모습을 보게 될 것이다.

당신은 어떻게 나이 들고 싶은가

어떤 사람으로
기억되고 싶은가

누군가 나에게 "당신은 어떤 사람으로 기억되고 싶나요?" 하고 묻는다면 한참을 생각한 후, 뜸들이며 말할 것 같다. 바로 대답이 튀어나오지 않을 것 같다.

그만큼 나는 그런 문제들을 깊게 생각하지 않았고, 대수롭지 않게 생각하면서 살아왔던 것 같다. 그래서 늦게나마 이런 문제도 신중하게 생각해봐야겠다는 마음이 들었다. 이것은 살아가는 삶의 방향을 똑바로 정해놓았을 때만 바로 나올 수 있는 대답이다.

'나는 과연 최후까지 어떤 사람으로 기억되고 싶은가?'

다양한 상태의 철학과 성향 속에서 '나는 어떤 사람으로 살아야 될까' 고민이 시작되었다. 그런데 가만히 내 과거를 돌아보니 아득하지만, 예전에 이런 생각들을 했던 게 기억난다.

'지금까지 겪은 시행착오와 다양한 경험들을 가지고, 내 주변 사람들에게 일깨워주는 삶을 살게끔 도와주고 싶다. 그리고 꿈을 가지라고 말해주고 싶다. 그래서 먼 훗날 나로 인해 많은 사람들이 행복해하고 삶이 풍요로워졌다며 고마워하면서 나를 기억해주었으면 좋겠다'는 그런 생각들이었다.

긴 세월을 살아오면서 나에게 이렇다 할 영향을 끼쳐준 사람이 없었다. 한 사람의 영향으로 인해서 내 인생에 추억이 될 만한 일이 없다는 게 참 안타깝기도 했다. 이런 것들이 참 중요하다는 것을 이제야 깨달았다. 최근에 들어서 나도 누군가에게는 희망이 되고, 롤 모델이 되고, 나를 기억하게끔 해주고 싶은 마음들이 생겨났다. 그렇게 하려면 지금부터 어떻게 해야 할지가 요즘 나의 화두다.

얼마 전 감명 깊게 읽은 한 권의 책이 떠올랐다. 이화여대 명예교수님이신 이근후 교수님께서 쓰신 《백 살까지 유쾌하게 나이 드는 법》이란 책이다. 우정에 대한 내용 중에 중학교 2학년 시절, 박도일이라는 친구를 만나면서 교수님의 삶에 그분이 큰 영향을 끼쳤다는 내용이 있다. 교수님의 중학교 2학년 시절, 박도일이라는 친구의 주도하에 독서회가 결성되었는데, 그는 조숙했고 아는 것도 많았다고 한다. 일주일에 한 번씩 모여 문학 서적을 읽고 축음기에 LP판을 돌려가며 음악도 들었고, 어려운 교향곡도 유창하게 해설해주었다고 한다.

교수님의 예술적 취향을 다지게 된 바탕에도 박도일이라는 친구의 영향력이 컸다고 한다. 비록 지금은 그분이 먼저 세상을 떠났지만,

아직도 그 박도일이라는 친구가 교수님의 가슴에 자리 잡고 있다 하셨다. 교수님은 평생 그로부터 얼마나 좋은 자극을 받고 소중한 추억을 얻었는지를 말로 다 설명하기가 힘들다고 했다. 그 사람을 기억하고 있는 한, 그는 아직 정신적으로 살아 있는 사람인 것이다. 나는 이 책을 읽으면서 멋진 친구를 두셨던 교수님이 너무 부러웠다.

사람들은 죽어서도 자신의 존재를 기억해주길 원해 묘비들을 만든다. 진정한 묘비명은 비석에 새겨지는 것이 아니다. 죽음을 앞둔 어떤 사람들은 훗날 자신의 존재가 잊히게 될까 봐 두려워 묘비명에 생전의 직함이나 명문장을 새긴다고 한다. 하지만 그가 남기고 싶다고 해서 돌에 굳건히 새긴들 영원히 기억되겠는가. 우리가 세상에 남길 수 있는 진정한 흔적은, 사랑하고 아끼는 사람들의 가슴에 남기는 좋은 기억들뿐이다. 내가 죽은 후에 누군가가 나로 인해 사는 게 조금은 행복했었다고 말해준다면, 그보다 더 값진 인생이 어디 있겠는가.

오늘도 우리는 나와 가까운 사람들 가슴에 기억을 새기면서 살고 있다. 우리는 어떤 사람으로 기억되기를 바라는지 진지하게 생각해봐야 하겠다. 누군가의 행복에 내가 얼마나 기여하며 살아가고 있는지 염두에 둔다면 오늘을 살아가는 우리의 태도가 많이 달라질 것이다.

경영학 분야의 대가 피터 드러커는 어린 시절, 다음과 같은 질문을 받았다고 한다.

"너는 커서 어떤 사람으로 기억되고 싶니?"

어떤 사람으로 기억된다는 것은 비단 그 사람이 했던 일만으로 판단되는 것이 아니다. 그 사람이 어떤 가치와 소명을 갖고 어떤 사명감으로 살았는지에 관한 것이다.

탈무드에서는 '평판은 최고의 소개장이다'라고 말한다. 좋은 처신은 좋은 평판으로, 좋은 평판은 좋은 명성으로 이어진다는 얘기다.

인생에서 성취하기 어려운 세 가지가 있다. 첫째는 명성을 얻는 것이고, 두 번째는 살아 있는 동안 명성을 유지하는 것이며, 세 번째가 죽어도 명성을 보유하는 것이라고 한다. 평판은 '남들은 알고 나만 모르는 나의 이력서' 또는 '남이 써주는 나의 이력서', '보이지 않는 자기소개서'라고도 하는데, 좋은 사람으로 기억되고 싶다면 평판이 좋아야 한다. 평판은 타인이 주는 것이다. 그렇기에 겸손해야 하며 누군가에게 좋은 영향력을 끼쳤을 때만 받을 수 있는 멋진 훈장인 것이다.

돌아가신 내 남편은 참 후덕한 사람이었다. 많은 사람들이 다 좋아해 지금도 친구와 지인들은 만날 때마다 내 남편 이야기를 하며 그런 사람이 없었다고 칭찬한다. 당시에 나는 남편이 자기보단 남을 위해 사는 것 같아서 굉장히 못마땅했으나 사람들은 정반대의 생각을 했던 것이다.

뇌종양 재발로 편마비까지 오고 가세가 기울어져 나중에는 찾는 이가 별로 없었지만, 막상 돌아가시자 그렇게 많은 사람들이 장례식장으로 조문 올 줄은 꿈에도 몰랐다. 하물며 오래전에 다녔던 회사, 서울 본사에서조차도 사람들이 조문해주었고 마지막 가는 길을 애도

당신은 어떻게 나이 들고 싶은가

해주어서 얼마나 고마웠는지 모른다. 친척, 친구 몇 명 빼고 아무도 오지 않을 쓸쓸한 장례식일 줄 알았다. 그래서 장례식장 방도 작은 데로 선택했으며 음식도 적게 주문했었다. 그렇기에 많은 조문객들의 방문이 당황스러울 수밖에 없었다. 그중에는 아는 사람도 있었지만, 모르는 사람들이 태반이었다. 나중에 안 일이지만, 남편의 죽음을 애통히 여긴 친구들이 동창들에게 다 알렸으며, 회사 관계자 중 L씨가 전부 부고를 알렸던 것이었다. 상상 밖의 사람들이 조문을 오자 나는 너무 감사해 눈물이 났다. 내 남편이 입원해 있었던 병동 간호사들, 물리 치료사들까지도 조문을 왔었다. 나도 간호사이지만, 환자들 조문은 하지 않는데, 내 남편은 이분들께 어떤 영향력들을 주었을까 많이 생각하게 되었다.

남편이 가는 마지막 길, 쓸쓸한 길, 외롭지 않게 가라고 이렇게 많은 사람들이 와준 것이 지금도 가슴 사무치도록 고맙게 느껴진다. 남편이 사람들의 뇌리에 잊히지 않고 기억되었기에 위로받으며 가게 되어서 얼마나 다행인지 모른다. 그리고 살아생전 사람들에게 참 잘 했었구나 하는 생각도 했다. 나도 나중에 죽으면 많은 사람들이 애도하면서 찾을 수 있는 사람이 되어야겠다고 생각하게 되었다.

어느 날, 나는 모임에서 느닷없이 지인들에게 "어떤 사람으로 기억되고 싶은가?"라는 질문을 했다. 그들도 처음에는 선뜻 답을 하지 못했다. 그러다 한참 생각한 뒤에 여러 가지 얘기들이 나왔다. 사람들에게 행복하고 선한 에너지를 주는 사람, 떠올리면 기분 좋아지고 힘이 나는 사람, 자신감 있는 사람, 열정적인 사람, 긍정적인 사람, 누가 봐도 소신 있고 당당한 사람, 아무도 내 욕 못할 정도인 능력 있는 사람, 반짝반짝 빛나는 사람, 깨어 있는 사람 등등…. 그들 나름대로 좋은 이미지로 자기를 남기고 싶어 했고 기억해주길 원했다.

유명한 사람들은 그들의 유산, 유품, 작품 등을 통해 기억될 뿐만 아니라 후대에 써진 위인전이나 전기, 회고록 등으로도 기억될 것이다. 그렇다면, 우리네와 같은 평범한 사람들은 어떻게 기억되게 해야 할까? 각자가 생각하는 대답들이 여러 가지 있겠지만, 내가 생각한 것은 다음과 같다. 인생에서 길은 많이 내고, 담은 적게 쌓아야 하며 작은 소리에도 귀 기울여 들어주어야 하고, 사람들에게 행복하고 선한 에너지를 주어야 한다. 떠올리면 기분 좋아지고 힘이 나는, 언제나 긍정적인 사람이 되어야 한다. 내 인생에서 가장 듣기 좋았던 말을 남에게도 자주 해주며, 밝은 에너지를 풍기어야 한다. 또 항상 의식이 깨어 있어야 하고 신뢰가 있으며 최고의 매력으로 자신감 있게 행동해야 한다. 이런 여러 가지 중 하나만이라도 제대로 잘 지키면서 살아가다 보면, 다른 사람의 기억 속에 자신의 존재가 뚜렷하게 남을 것이다.

나도 이제 어떤 사람으로 기억되고 싶은가 하는 질문에 명확히 답할 수 있다. 나는 작가가 되어 꿈과 희망을 심어주는 영향력 있는 코칭가로, 또 동기부여가로 기억되고 싶다. 나를 알게 되어서 너무나 행복했다는 소리를 듣고 싶다.

당신은 어떻게 나이 들고 싶은가

꿈같은 내 인생,
지금부터 시작이다

꿈을 가지는 순간, 인생이 달라진다고 한다.

늦은 나이, 늦은 시기지만, 나도 꿈같은 내 인생을 다시 시작하려고 마음을 고쳐먹었다. 내가 살아온 인생을 돌아보니 참 많이 힘들었고 암울했었다. 요즘은 100세 시대로 나이는 중요하지 않다. 시작하기에 너무 늦은 나이는 없다. 셰익스피어조차도 '마음의 준비만이라도 되어 있으면 모든 준비는 완료된 것이다'라고 말했다. 어제보다 더 행복한 오늘을 위해 '쨍하고 해 뜰 날' 노래를 부르면서 나의 꿈같은 제2의 인생을 시작해본다.

나의 중년은 시련의 연속이었다. 긴 터널 속에 갇혀 앞이 보이지 않을 정도의 절망감에 몸부림쳤었다. 그 당시에는 어디가 시작이고 어디가 끝인지 모를 지경이었다. 그러나 나는 내 삶에 굴하지 않았고 패배 의식도 가지지 않았다. 꿈이 있었기 때문이다. 나중엔 오히려 오기도 생겼다. 더 씩씩하게 나아가기로 마음먹었다. 돌이켜보면 이런 시기를 겪었기 때문에 내 의식이 조금은 더 성장하지 않았나 생각해본다. 남편의 죽음, 기울어진 가세, 갑자기 가장이 되어야 하는 감당할 수 없는 고된 무게감들로 하나같이 절망적이었다. 처음에는 너무 가혹해 신을 원망하기도 했다. 그러나 생사 인연법들에 관한 여러 책들을 읽은 후에는 그 마음도 거두게 되었다. 아마도 신은 고통 속에서 내가 배우고 깨달아야 할 부분이 있어서 이런 시련을 주는 것이라 생각하니 오히려 나중엔 마음이 편했다. 나의 인생을 통틀어 잃은 것도 많았지만, 얻은 것도 많았다는 것을 깨달았다. 요즘 나는 모든 것에 다 감사함을 느끼며 살아가고 있다. 그리고 남은 내 인생 앞으로 더 멋지게 살 것이라 생각하니 기분도 좋아졌다.

니체는 "풍파가 없는 항해, 얼마나 단조로운가! 고난이 심할수록 내 가슴은 뛴다"라고 말했다. 이 얼마나 멋진 말인가? 그런데 힘들었던 당시에 이런 말을 들었다면 화가 나서 펄쩍 뛰었을 것이다. 하지만 지금은 생각하는 시각이 바뀌어 멋있는 말로 들린다. 그렇다면 나도 이제는 뭐든 할 수 있겠다는 생각이 들었다. 내 인생, 내 운명을 변화시키겠다는 힘은 꿈에 대한 의지와 그 꿈을 이루어내고 말겠다는 열정에서 나온다고 한다.

나이와는 상관없이 열정적으로 자신의 인생길을 멋있게 잘 걸어가고 있는 사람들이 많다. 보통 우리는 배우는 것은 젊어서나 하지, 나이 먹어 늙은 사람이 뭘 더 배우나 생각해서 무엇이든 배우려 들지 않는다. 그러나 시대가 변했다. 무엇이든지 배워야 한다. 그러지 않으면 시대에 뒤떨어진 사람이 되어 도태된다. 배우지 않으면 갈수록 소통이 안 되어 고립되고 만다.

103세이신 분이 97세에 외국어 공부를 시작했다는 소식을 매스컴을 통해 알게 되기도 하고, 아흔이 다가오는 이근후 이화여자대학교 명예교수이자 정신과 전문의 교수님도 여러 저서를 펴내시며 아직도 현역에서 활동 중이다. 최근 교수님의 저서 중《백 살까지 유쾌하게 나이 드는 법》이라는 책은 벌써 40만 부 이상 판매되었다.

70대에 시집《치자꽃 향기》을 펴낸 진효임 할머니도 계신다. 일본의 시바타 도요 할머니는 99세에《약해지지 마》라는 시집을 펴냈다. 이 시집은 전 세계적으로 100만 부 이상의 판매 기록을 세웠다. 그리고 유명한 KFC 창업자 커넬 할랜드 샌더스도 65세에 사업을 시작했다. 이 외에도 수없이 많은 사람이 늦은 나이에도 불구하고 도전을 해 꿈을 이루었다. '인생의 모든 경험을 섭렵한, 불혹의 나이가 최고의 날이다'라고 한다. 실제로 베스트셀러 작가들 연령대들을 살펴보면 50대부터 60대 이상이 훨씬 많다. 아마도 그동안에 쌓아온 온갖 경험과 지혜, 영감들이 글로 잘 묻어 나와 그렇지 않나 싶다.

나는 지난 내 인생이 후회스러워 새롭게 다시 인생 설계를 시작했고, 지금은 그때 각오한 초심을 유지하면서 새 삶을 살아가고 있다. 꿈같은 내 인생을 다시 멋지게 펼쳐서 살고 싶은 마음이 너무 간절했기 때문이다. 그럼 어떻게 해야 할까? 나는 아직도 늦지 않았다는 마인드부터 강하게 가졌다. 그리고 나이부터 잊었다. 나는 '할 수 있다'는 말을 주문처럼 외웠고 나 자신에 대한 믿음을 계속 가졌다. 현재도 꾸준함을 유지하고 있다. 또한, 하고자 하는 일에 자신감과 자부심을 가지며 계획을 세워 실행으로 옮겨나갔다. 예전에는 계획을 거창하게 세웠지만, 바로 실행하지 못했고, 나중에 시간이 날 때 실행해야지 생각했었다. 하지만 그런 행동이 반복된다면, 내 인생은 예전과 똑같을 것이며 다람쥐 쳇바퀴 돌듯이 살 수밖에 없을 것이다. 그것을 알기 때문에 지금은 그렇게 하지 않는다. 지금은 스스로 정해놓은 삶의 법칙을 준수하고 있고, 내가 설계한 삶을 창조적으로 잘 이끌어가려고 노력하고 있다. 우리 내면에는 각자가 원하는 자기만의 독특한 삶을 살고 싶어 하는 욕구가 있다. 우리가 꿈꾸고 실행하면 다 이루어질 것이라는 믿음을 놓지 말자.

자기가 할 수 있다는 믿음 하나로 버텨온 결과, 꿈을 이룬 작가들도 있다.

《해리포터》 시리즈의 작가 조앤 롤링도 해리포터가 출판되기 전, 많은 출판사에게 엄청난 거절을 당했으며, 엘리자베스 길버트도 글 쓰는 일을 사랑했지만 엄청나게 많은 거절 통지서들을 받았다고 한다. 그럼에도 불구하고 그는 포기하지 않고 계속 글을 써 나갔다.

이들의 공통점은 언젠가는 인정받고, 할 수 있다는 믿음과 꾸준함, 일에 대한 자부심이 가슴에 있었다는 것이다. 어떤 일이든 자신을 믿고 포기하지 않고 꾸준하게 밀고 나가다 보면 반드시 그 일은 성취될 것이다.

목표를 세우고 그것을 달성하기 위한 방법에는 여러 가지가 있다. 습관을 만들기, 시간을 쪼개어 알뜰하게 쓰기, 작은 목표부터 시작해 달성해보기, 꾸준히 반복하기 등 찾아보면 수없이 많다. 목표의 크기가 크든 작든 목표를 이루기 위해 반드시 이런 것들을 실행에 옮겨야 한다. 그러나 목표를 이루기에는 험난한 장애물들도 많다. 그것 때문에 꿈을 접는 사람들도 수없이 생겨난다. 하지만 꿈이 있는 사람들은 주저 없이 실행에 옮긴다.

멋있는 내 인생, 꿈같은 내 인생, 다시 시작하려면 철저한 자기분석도 필요하다.

그리고 제일 중요한 것은 자신감이다. 자신감이 있으면 자존감도 당연히 올라가기 마련이다. 우리는 너무 남을 의식하면서 살아가고 있다. 무슨 일을 하려고 해도 남들이 이것을 보면 뭐라고 생각할까부터 신경쓰게 되는데, 그 생각부터 버려야 한다. 또한, 남에게 인정받으려고 거기에 감정을 너무 소모하는 것 같다. 그것조자 놓아버리도록 하자. 그리고 꿈을 가지자. 더 큰 꿈을 향한 도전의 길을 계획해야 하며, 최악의 환경에서도 꿈을 위해 끝까지 포기하지 않는 열정을 가지도록 노력해야 한다.

‘어떻게 살아야 잘 사는 것일까?’ 예전에 갑자기 환경이 어려워지면서부터 '어떻게 살아야 잘 사는 것일까?' 끊임없이 반복해서 나에게 묻곤 했다.

그리고 하나씩 짚어보았다. 무엇보다 잘 살기 위해서는 긴장을 늦추지 않으면서도 마음 상태는 평온을 유지해야 하는데, 그것이 나에겐 참 어려웠다. 그러나 지금은 할 수 있다. 꿈이 있기 때문이다. 만약 나에게 꿈이 없었다면 아마도 일반적인 생각을 가지고 있는 사람들처럼 그렇고 그렇게 살아가고 있을 것이다.

나는 지금도 틈만 나면 혼자서 외친다. '열정의 불씨로 자신을 밝혀라!' 어제의 꿈은 오늘의 희망이며 내일의 현실이다.

인생을 성공적으로 살기 위해서는 '모든 것은 자신의 생각에 달려 있다'는 사실부터 깨달아야 한다. 경험하지 못한 것을 경험하고 나면 아무리 낯선 곳이라도 가볼 수 있는 용기가 생긴다. 우리의 삶은 한 번뿐이고, 그 삶을 만족과 행복으로 채워나갈 권리가 있다. 배움은 희망을 보게 한다. 그리고 끊임없는 도전은 스스로에게 좋은 자극을 준다.

나 같은 경우 중년을 너무 정신없이 살아와서 매우 후회스럽지만, 아직은 늦지 않았다는 생각에 작가를 꿈꾸고 있다. 내 글을 통해서 꿈과 희망을 잃고 살아가는 사람들에게 희망의 등불이 되어주고 싶기 때문이다. 늦은 나이, 별 볼 일 없는 보통 사람인 나도 작가가 되었는데 당신도 할 수 있다고 희망의 메시지를 전해주고 싶다. 여기서 나의 장점이 딱 한 가지 있다. 바로, 늦게 깨우쳤지만 꿈을 실현하려고 노력하는 자세다. 항상 무엇이든 배우려는 준비가 되어 있다. 또한, 나의 소망은 희망 잃은 사람들에게 용기를 북돋아주면서 다 같이 꿈을 이루도록 도와주는 것이다. 이런 내 생각이 세상에 조금이라도 선한 영향력을 끼쳤으면 좋겠기에 나의 배움도 현재 계속 진행형이다. 그리고 꿈같은 나의 인생도 지금부터다.

내 인생, 왜
남에게 맡기는가?

　요즘 인생 잘못 살아서 유명 정치인부터 스타들까지 매스컴에 자주 오르내리는 것을 보고 있자면, 반감이 들면서도 한편으론 안타깝다는 생각도 든다. 그것을 보고 있자니 현재의 내가 원하는 삶을 제대로 잘 살고 있는지 돌아보게 된다.

　'내 인생 제대로 사나?' 아닌 것 같기도 하고, 이전보다 충실한 것 같기도 하고….

　이럴 때 멘토라도 있어서 일일이 지적이라도 해주었으면 얼마나 좋을까 하는 생각도 들었다. 멘토가 '너는 지금 누구 인생을 살고 있니? 지금 자기 주도적인 삶을 살고는 있니?' 하고 질문해주길 말이다. 잘못 살았다고 느낀다면 꾸지람이라도 좀 해주면 좋겠다. 워낙 오랫동안 내 방식대로 살아와서 내 인생을 진짜로 잘 사는 것인지, 못 사는 것인지도 모르겠다.

당신은 어떻게 나이 들고 싶은가

그래서 현재 내 인생을 남에게 맡겨놓고 사는 것이 아닌지 이참에 검토해보고 싶었다.

인생이 즐거우면 절로 콧노래가 나온다. 입가에 웃음도 저절로 나오고, 자존감도 올라간다. 지금 자기 인생이 즐겁다고 생각한다면 그 사람은 분명 행복한 사람이다. 자기 인생을 남에게 맡기는 사람은 추측하건데 희망을 잃었거나, 소극적인 사람, 자존감이 매우 낮은 사람, 또는 우울하거나 모든 일이 귀찮게 느껴지는 사람이지 않을까 싶다. 이러한 사람들은 무슨 일을 하게 되더라도 자주 실패를 맛보고 좌절하기 마련이다. 그러다 보면, 삶의 의욕이 떨어져서 대충 살려고 하기 때문에 결국 자기 인생은 없어지고 남들에게 끌려다니는 삶을 살게 된다.

삶이 즐거운 사람은 결코 자기 인생을 남의 손에 맡기지는 않는다. 그런 면에서 보면 요즘 내가 즐거우니 내 인생도 그럴싸하게 잘 살고 있는 것 같기도 하다.

공자는 《논어》에서 인생의 즐거움에 대해 두 가지로 설명하고 있다. '하나는 유익한 즐거움이요, 또 하나는 유익하지 못한 즐거움이다'라고 했다. 어찌 생각하면 이 즐거움이라는 것이 그 사람이 지금 어떤 정도의 사람인가 하는 것을 평가하는 기준이 되기도 한다. 살면서 주변 사람들을 즐겁게 해주는 사람이면, 자기 인생도 스스로 즐겁게 창조해나갈 것이고, 인생의 주인공이 되어 멋지게 삶을 사는 사람이 된다. 유익하지 못한 즐거움을 주는 사람은 자기 혼자 즐겁지만 남을 생각하지 않고 제멋대로 행동하는 사람들이다. 그 순간에는 쾌감의 즐거움이 있을지는 몰라도 결국 자기 자신에게 해롭고, 남들에게도 해를 끼친다. 마지막에 가서는 주변에 사람이 없고, 고집불통으로 있다가 쓸쓸히 말년을 맞이한다. 그러다가 희망도 잃고 자기 인생도 결국 남의 손에 맡겨진 채 살아가게 된다.

그렇다면, 자기 인생의 주인공으로 살면서 즐겁고, 재미있고, 행복하게 사는 방법이 있기는 한 걸까? 많은 성공자들은 있다고 한다. 자기가 하고 싶은 일을 구체적이고 확고한 목표를 세워서 열정적으로 일하다 보면, 하나씩 이루어지는 성취감에 저절로 인생이 즐거워진다고 한다. 그래서 목적과 목표가 그만큼 중요하다는 것이다. 이러한 목적과 목표가 뚜렷해 젊은 나이에도 불구하고 일찍 성공한 사람이 있다.

20대에 소셜 네트워크를 창업한 젊은 CEO 박수왕 대표는 연 매출 30억 원 이상의 소득을 올리고 있지만, 그는 항상 이렇게 말한다.
"하루하루 성취감을 느끼는 것이 즐겁기 때문에 돈을 버는 것은 아직 중요하지 않다."
"머릿속으로 그렸던 생각을 옮기는 것만으로도 가치 있고 소중한 일이다."
박 대표는 자신이 하는 '일의 가치'를 강조했다. 대학생 때부터 좋은 직장에 취직하기 위해 높은 스펙을 쌓은들 취직을 하더라도 그곳에서 최고가 될 자신이 없었기 때문에 그는 자신이 누구보다 가장 잘

할 수 있는 일을 하기로 마음먹었다고 한다.

이처럼 자신이 하고 싶은 일을 목표를 잘 세워서 즐겁게 일하다 보면 성공은 저절로 따라오게 되는 것을 알 수 있다.

내가 아는 50대 후반 여자 H씨는 형편이 어려운 사람이다. 예전에는 좀 괜찮게 잘 살았었다. 하지만 중국에서 사업하던 남편의 사업 부도로 한동안 몸져누워 있었다. 지금은 편의점에서 아르바이트하면서 생활하고 있는데, 한 번씩 만나 차도 마시는 사이다.

그녀는 과거에 내가 어려웠던 것을 알고 있던지라 최근 나의 밝아진 모습을 보고 비결이 뭐냐고 물었다. 그냥 웃으면서 자기계발서 책들을 좀 보고 성공자들 흉내를 조금 내고 있다고 지나가는 말로 내뱉었다. 그런 일이 있고 난 뒤 한 달 만에 다시 보게 된 그녀는, 너무나 많이 변해 있었다. 얼굴에 생기가 돌고 뭔가 이전과는 달라 보였다. 이번에는 내가 반대로 물어보았다. 그날 나와 얘기를 나누고 집으로 돌아갔던 그녀는 내가 했던 말들이 자꾸 생각나서 자기도 자기계발서를 몇 권 사서 남편과 함께 읽었다고 한다.

내가 말했던 그대로 지금 따라 하는 중인데, 요즘 희망이 조금씩 보이고 용기도 생겨나서 기분이 좋다고 한다. 남편도 다시 재기를 꿈꾸며 열심히 자기 일을 하고 있다는 반가운 소식도 전해주었다.

또 다른 사례도 있다. 친한 동생의 남편 H씨의 일과를 들어보니 내가 혀를 내두를 정도로, 알차게 하루를 보내고 있었다. 자투리 시간도 헛되이 보내지 않고 있으며 성공자들의 자기계발서에 나오는 주요 성공 확신 글귀들을 휴대전화 메모장에 적어서 외우면서 일하고 있었다. 집에서는 필사도 하고 긍정에 관한 유튜브 동영상도 열심히 듣고 있다고 했다. 바닥까지 추락해보고 나니 인생의 패배자로 죽고 싶지 않아서 그렇게 한다고 했다. 꼭 다시 성공하고 싶으나 부자로 못 살아도 자기 인생에 최선을 다하고 죽어야 후회가 없을 것 같단다. 저런 마인드로 인생을 산다면 정말 인생을 잘 사는 사람이다 싶어서 존경심마저 일어났다.

한 번씩 자신의 삶을 돌아보는 것이 이토록 값진 일이라는 것을 몰랐다. 요즘 명상을 하면서 더 그런 느낌이 든다. 예전엔 삶이 힘들어 일에 파묻혀 돌아볼 여유가 없었다. 그런 와중에도 고요한 시간이 되면 내가 지금 뭐 하고 있나 하는 생각의 연속이었다. 누굴 만나건 이런 생각들은 내 머릿속을 쉽게 떠나지 않았다. 밥을 먹어도, 가만히 누워 있어도 나의 내면에는 뭔가 울림 같은 것들이 계속 남아 있었다. 내가 현재 인생에서 가장 소중한 것들을 포기하고 사는 것은 아닌지, 지금의 내 모습이 진정 내가 원했던 모습인지 자꾸만 되돌아보게 되었다.

아직도 제대로 된 삶을 살아보지 못했다면, 무엇 때문일까? 자신을 돌아보았을 때 뒤늦게 그 원인이 너무나 많았다는 것을 알게 되었다. 정확한 계획과 목표 없이 여태껏 두루뭉술하게 살아왔으며 게으르고 나태했을 뿐만 아니라 나에게 주어진 시간조차 소중히 생각하지 않고 허비하며 살아왔다는 사실들이 나를 부끄럽게 만들었다.

극작가 조지 버나드 쇼의 묘비에는 '우물쭈물하다가 내 이럴 줄 알았지'라는 문장이 쓰여 있다. 나도 어영부영 세월만 보내다가 죽는 것이 아닌가 하고 괜히 한쪽 가슴이 찔리기도 한다. 무엇보다 내 인생 제대로 못 살고 남한테 짐만 지워주고 가는 것 같아서 자존심도 상한다. 그래서 나는 확고한 다짐을 했다. 훗날, 내 인생 잘 살다 가노라고 당당하게 말할 수 있는 사람이 되기로 말이다. 인생은 선택의 연속이다. 내 인생을 절대로 남에게 맡기지 않을 것이다. 내 인생의 각본은 내가 쓰는 것이므로 나는 시간을 헛되이 보내지 않기 위해 시간표부터 짜보았다. 어제와 다른 오늘을 살기 위해 나만의 실천 매뉴얼도 만들었다. 내가 좋아하고 관심 있던 분야는 책을 쓰는 일이기에 작가가 되기로 결심했다. 그렇게 마음먹은 이후부터 나는 계속 코칭을 받으면서 나 자신을 발전시켜나가고 있다. 또한, 나의 내면세계에 잠자고 있던 부정을 깨워서 몰아내고 긍정의 에너지로 가득 채우고 있다.

그동안 진짜 나답게 살기 위한 것이 무엇인가를 참 많이 생각했다. 어느 책에서 보았던 글귀가 생각났다.

"가짜 인생을 버리고 네가 꿈꾸는 그 모습 그대로 살아라!"라는 말이었다. 그 말은 내 인생을 360도 바꾸어놓았다. 많이 늦었지만, 이제야 내가 원하는 진짜 삶을 사는 것 같아서 나는 요즘 많이 행복하다. 내가 행복한 이유는 단 한 가지다. 지난날의 단조롭고 무미건조한 일상에서 벗어나 행복한 삶과 성공적인 인생을 위해, 나만의 인생 대본을 다시 쓰고 있기 때문이다.

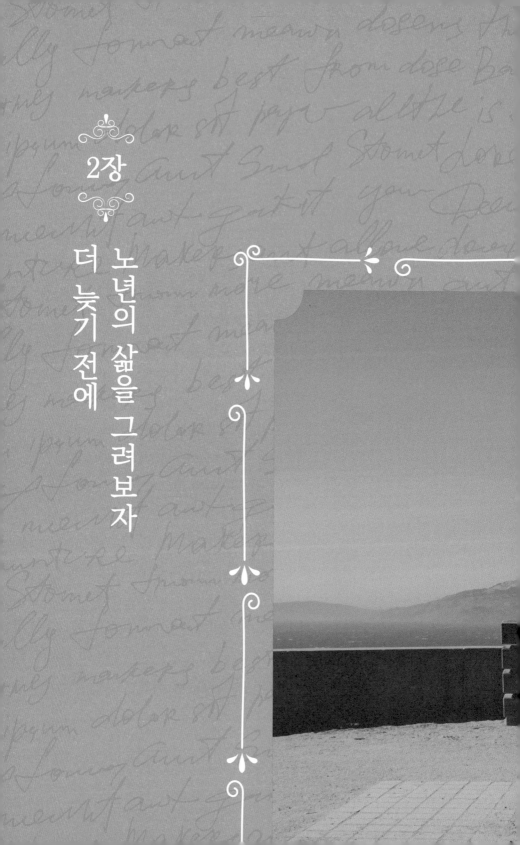

2장

더 늦기 전에 노년의 삶을 그려보자

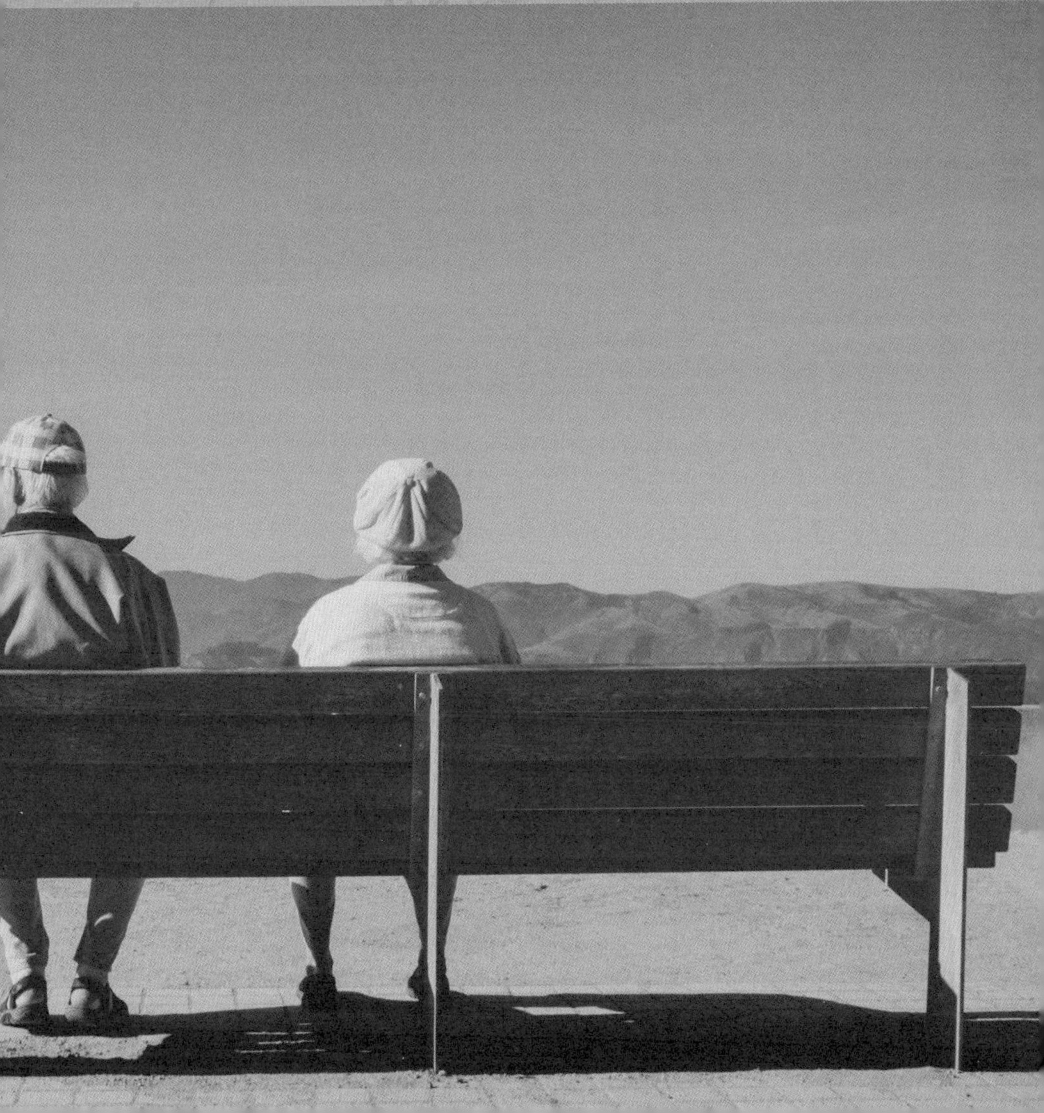

인생의 절반을
어떻게 살 것인지 고민하라

요즘 서점가에는 인생에 관한 책들이 참 많이 출간되고 있다. 대부분이 남은 인생을 어떻게 살 것인가에 관한 내용이다. 그만큼 고령 인구가 늘어나고 사회적인 문제들로 이슈되기 때문인 것 같다. 책에는 당신의 고정관념을 바꾸지 않으면 더 늙어서 '찬밥 신세 되기 쉽다'라면서 중년 남성들까지도 매우 긴장하게 만드는 문구들이 많다.

100세 시대의 우리는 50세부터 인생관을 바꿔 살아가야 한다. 딱 반으로 접어든 그 나이에 인생관을 바꾸지 않으면 요즘 같은 시대에는 어디 가서든 도토리 찬밥 신세가 되기 마련이다.

100세 시대에는 인생을 25년씩 네 단계로 나눈다. 0~25세까지가 성장기, 50세까지 활성기, 75살까지 완숙기, 황금기, 100세까지가 자유기라고 한다. 사회를 움직이는 중심층이 되는 50대는 활발히 일하며 움직이는 나이다. 예전에는 50대를 인생의 황금기라 했으나 지금은 75세까지를 인생의 황금기로 본다.

그렇다면 75세 전인 우리에게도 아직 희망은 있다. 75세를 인생의 완숙기라 하는데 더 이상 타인과 비교하거나 경쟁하지 않고 자신의 가치관에 따라 행복을 좇는 시기라고 할 수 있다. 75~100세까지가 자유기다. 이 시기는 진정한 여생이라고 할 수 있는 시기이며 주어진 책임과 의무를 모두 완수했으므로 남은 시간 동안 인생을 즐기면 된다고 한다.

어느 날 모임에서 지금 자기 삶의 만족도는 몇 점인가 슬쩍 물어보았다. 열두 명 중 과반수가 60~70점 정도라 한다. 40점, 50점도 있었다. 인생 후반기에 들어서게 되면 자연스럽게 삶의 만족도가 올라가야 하는데, 갈수록 삶의 질이 떨어져 다들 걱정하고 있었다. 물론 경제적으로 안정된 사람은 예외다.

부익부 빈익빈 현상이 중년부터 노년들까지 피부로 와 닿을 만큼 심하다고 걱정하고 있다. 주변을 보면 정년퇴직 후 경비 일을 하거나 작은 직장이라도 들어가서 많지는 않지만, 평균 150~200만 원까지 월급을 받으면서 일하는 분들도 있다. 그분들은 얼굴에 생기가 돌고 집에서도 가장 대접을 받으면서 살고 있다. 노년에도 건강해 일할 수 있을 때까지 일한다는 것은 축복이다.

인생의 절반쯤 왔을 때부터는 깨닫게 되는 것들이 참 많다. 이 시기부터 우리는 '현재 내가 가진 모든 것들이 나를 정말 행복하게 해주고 있는가?'에 중점을 두기 시작한다.

스스로 자신의 삶을 돌아볼 때가 된 것이다. 존 스튜어트 밀은 '진정 당신이 원하는 일을 하면서 살았는가?'라는 질문을 던진다. 만약 지금 원하는 일을 하고 있거나 가슴이 시키는 일을 하고 있다면, 그다음은 '삶을 스스로 설계하고 바람직한 삶으로 만들어갔는가?'이다. 나는 이 말에 깊은 깨달음을 얻었다. 내가 원하는 삶의 우선순위를 다시 정할 수 있도록 도와준 셈이다. 그리고 내가 지금 하는 이 일들이 나를 정말 행복하게 해주고 있는지도 돌아보게 했다. 우리는 인생 중반을 넘어 지금까지도 성공만이 최고의 행복인 줄 알고 그것만을 외치면서 살아온 것 같다. 성공해야 행복한 것이 아니라, 행복해야 성공한다는 당연한 사실을 너무 쉽게 잊고 있었다. 급히 달려온 만큼 지금은 숨 한 번 고르고 잠시 쉬면서 남은 인생을 어떻게 보낼 것인가를 깊게 고민해봐야겠다.

우리는 이미 인생의 절반을 넘어왔다. 남은 인생은 가치 있는 삶에 비중을 두어야 할 것이다. 또한, 누군가의 멘토가 되어주고 인생에 철학적 의미가 있는 그런 사람이 되면 어떨까 생각해본다.

"뭐가 그렇게 바빠유" 이 한마디로 사람을 편안하게 만들어주는 이가 있다. 소리꾼 장사익(66세)이다. 45세까지 열다섯 개 직업을 전전하다 열여섯 번째 택한 직업이 소리꾼이었다.

그는 노래하고 나니 자신의 인생에 없던 '행복'이란 단어가 떠올랐다고 한다. '그래, 이게 내 길이로구나' 하는 생각을 처음으로 했다고 한다. 딸기 장수부터 카센터 직원까지 오락가락하던 그의 인생의 진폭(振幅)은 그때부터 잦아들었고, 한국 최고의 소리꾼 중 하나가 되었다. 고교 졸업 후, 25년간 방황하다가 중년에 들어 길을 찾은 그는 길 잃고 헤매는 우리에게도 모범 답안지가 되어줄 것 같다. 그는 60세까지는 TV에 나오지도 않았다. 그러나 데뷔 20주년을 맞은 장사익은 1996년 세종문화회관 대극장을 매진시킨 것을 시작으로 그간 11차례나 같은 곳에서 매진 공연을 했다. 발끝에서 끌어올린 소리를 심장에서 터뜨리는 듯한 그의 노래는 대단한 힘을 발산한다. KBS 특집 콘서트 〈이미자 장사익〉에서 대선배인 이미자와 합동 공연도 했다. 마흔 중반에 그는 가수가 되고 나서 음악은 비디오가 아니라는 걸 알았다고 한다. 그래서 환갑 때까지는 TV 말고 열심히 공연만 하기로 했다. 그는 환갑이 넘으면 TV에 나와도 사람들이 이해해주지 않을까 생각하면서도 자신도 향기가 있는 사람인데 모두 장미만 쳐다보니 내 신세가 찔레꽃 신세와 다르지 않다 생각했단다.

마지막 직장인 카센터마저 그만둔 뒤, 장사익은 이광수 사물놀이패에서 태평소를 불기 시작했다. "이제 할 수 있는 건 이것 하나밖에 없다"는 심정이었고 "태평소라도 열심히 불면 밥은 먹겠지" 했다고 한다. 그때 그는 〈찔레꽃〉이란 노래를 썼다. "찔레꽃 향기는/ 너무 슬퍼요/ 그래서 울었지/ 목 놓아 울었지" 하는 노래다. 그가 무대에서 이 노래를 하면 멀쩡하던 중년의 남녀들이 노래 가사처럼 운다. 그는

당신은 어떻게 나이 들고 싶은가

묘한 카타르시스를 주는 사람이다.

그는 "그런 나의 사연을 노래로 쏟아내면 이상하게 사람들한테 내 마음이 전달되더라"고 했다. 장사익 특유의 탁성(濁聲)에 그 노래가 얹히면 맥이 탁 풀리면서 그냥 울고 싶어진다. 〈꽃구경〉이란 노래를 눈물 훔치지 않고 들을 수 있다면 대단히 이성적인 사람이다. "어머니 꽃구경 가요/ 제 등에 업히어 꽃구경 가요"로 시작하는 노래는 "산자락에 휘감겨 숲길이 짙어지자/ 아이고머니나/ 어머니는 그만 말을 잃더니/ 한 움큼씩 솔잎을 따서/ 가는 길 뒤에다 뿌리며 가네" 하고 이어진다. 그리고 "어머니 지금 뭐 하나요/ 솔잎은 뿌려서 뭐 하나요/ 아들아 내 아들아/ 너 혼자 내려갈 일 걱정이구나/ 길 잃고 헤맬까 걱정이구나" 하고 노래가 마무리되면 객석은 영락없이 눈물바다가 된다.

나도 얼마 전, TV에서 장사익의 〈꽃구경〉 노래를 듣고 얼마나 울었는지 모른다. 그 여운으로 그날 밤 자다가도 울었다. 영락없이 나도 한이 구석구석 서려 있는 한 많은 한국인이라는 것을 알았다. 노래를 듣고 많은 사람의 눈물을 훔치게 만든 장사익도 어느 날, 우연히 깨달았다고 한다. 성공적인 첫날 공연을 하고 이튿날 아침에 눈이 번쩍 떠지면서 '아, 바로 이거구나!' 했단다. 그때 '행복'이란 것을 태어나서 처음 느꼈단다. '이때까지는 먹고살 걱정만 했지, 내가 행복한 일을 찾지 않았구나' 그제야 그는 진정한 행복의 의미를 깨달았다.

이런 장사익의 감명 깊은 스토리는 인생의 절반을 넘게 달려온 우리의 마음 저 깊은 곳에 크나큰 울림을 주고 있다.

우리는 주어진 대로 열심히는 살았지만, 대부분 자신이 원하는 삶을 산 것은 아니었다. 많은 사람들이 남은 인생을 잘 살아내야겠다고 고민하면서 이 시대를 살아간다. 나 역시 나이가 들어갈수록 항상 이것을 고민했다. 나는 나에게 자주 묻기도 했다. 정말 다행한 것은 내가 좋아하고 가슴 뛰는 일을 찾았다는 것이다. 그것은 글쓰기다. 뭔가를 적고 있을 때, 내가 살아 있다는 느낌이 들었다. 잘 쓰지는 못하지만, 펜을 잡고 하얀 종이 위에 뭔가를 쓰기만 해도 왠지 마음이 편안하고 행복했다. 가끔 시도 끼적거리면서 혼자 자아도취에 빠질 때도 있다. 작가가 되어 큰 자부심과 긍지를 느끼면서 살고 싶다는 마음도 생겼다. 그러나 내가 작가가 되든 안 되든 그런 것은 중요하지 않다. 그저 내가 하고 싶은 일을 찾았다는 것이 더없이 행복하다. 내가 하는 모든 일에 의미와 기쁨이 있으면 된다. 남은 내 인생을 가슴 뛰는 일을 하면서 행복하게 살 것을 생각하면 벌써 가슴이 설렌다. 아직도 남은 절반 인생을 어떻게 보내야 할지 모르고 고민하는 사람들에게 말해주고 싶다. 가치 있는 삶이 무엇이며, 행복한 일이 무엇인지 고민하라는 것이다.

자신의 강점과 관심 분야를 깊이 생각해보고 가슴이 시키는 일을 하라.

당신은 어떻게 나이 들고 싶은가

독서 습관을
가져보자

독서의 가치를 생각해보았는가?

독서가 주는 가치는 다른 도구로 대체 불가능하다. 성공은 독서에서부터 시작된다. 세계 최고의 부자 중 한 명인 빌 게이츠도 과학자와 정치가의 전기를 많이 읽었다고 한다. 그가 읽은 전기들이 지금의 그를 만들었다고 해도 과언이 아니다. 성공한 사람들은 모두 독서광이다. 독서를 하면 지혜와 지식이 한층 깊어지고 정신을 함양할 수 있다. 독서를 하지 않으면 얕팍한 지식밖에 얻지 못한다. 그러므로 가능한 한 폭넓게 독서를 하는 것이 좋다. 또한 독서를 해야 사고가 깊어진다. 혼자서 생각하는 데는 한계가 있어 지혜와 지식의 양이 금방 밑천을 보일 수 있다. 나도 한동안 책을 놓았다가 코로나19 기간 동안 다시 많은 책을 읽게 되었다. 책 속의 보물들을 이때 발견한 것이다. 나의 자아를 찾고 얕은 지식을 보충하기 위해 오늘도 책을 읽고 있다.

언론에서 현대와 같은 정보사회에서는 약간의 독서만으로는 이제 충분하지 않다고 말한다. 얼마 전, 유명인들이 나와 사회 문제에 관한 토론을 하며 독서에 관한 말들이 오고갔다. 이구동성으로 우리나라 사람들이 다른 나라 사람들에 비해 독서량이 현저히 적다고 한다. 지하철에서 스마트폰만 보고 있지, 책을 읽고 있는 사람은 보기 드물다고 했다. 풍부한 지혜와 지식을 얻고 성공하고 싶으면 한 달에 적어도 20~50권의 책을 읽기를 바란다고 했다. 가령, 한 달 평균 세 권을 읽는 사람이 있다면 그 사람은 전혀 읽지 않는 사람보다 세 배 이상 살아 있는 지혜나 지식을 몸에 익힐 수 있다 하고, 서른 권을 읽는 사람은 월 평균 세 권을 읽는 사람보다 열 배의 지혜나 지식을 얻게 된다고 한다.

독서는 지혜와 정보, 통찰력을 주며 다른 사람과 다른 인간적인 깊이를 준다. 이러한 독서는 지혜를 좌우하며 지혜는 책을 읽느냐 읽지 않느냐에 달려 있다. 그렇기에 독서하기에 앞서 책을 꾸준히 읽으려는 습관부터 가지도록 하자. 꾸준하게 독서하다 보면 어느새 지혜와 지식들로 가득 넘쳐나는 지성인이 된 자신을 발견하게 될 것이다.

사이토 히토리 씨는 2003년 일본 누계 납세액 1위를 한 사람이다. 그가 부자가 된 핵심은 하나다. '인생의 목표를 정하고 그 분야의 책을 읽어라'였다. 그는 성공하고 싶으면 책을 읽으라고 말했다. 책은 좋은 스승이기 때문이다.

안중근 의사도 '하루라도 책을 읽지 않으면 혀에 가시가 돋는다'라고 말할 정도로 매일 책을 읽었다. 독서할 시간이 없어서 읽지 못한다고 하는 건, 결국 책을 읽기 싫다는 것과 마찬가지다. 우리나라의 많은 CEO들이 한 달 평균 4~6권을 읽는다는 점에서 연평균 성인들의 독서량이 열 권도 안 된다는 사실이 안타깝다. 미래에셋 박현주 회장은 자신의 독서 습관과 관련해서 아주 유명한 말을 남겼다. 미당 서정주 시인의 '나를 키운 건 8할이 바람'이라는 시구를 빗대어 '나를 키운 건 8할이 독서'라고 표현한 것이다. 그가 지금까지 회사를 세우고 경영을 하며 수많은 의사결정 속에서 독서의 역할이 얼마나 중요했는지를 잘 말해주는 문구다. 그가 가진 독서 습관은 오늘날 그와 미래에셋이 있게 한 성공 법칙의 80%인 것이다.

"우리는 우리가 읽는 것으로 만들어진다"라는 말이 있다. 우리가 아무리 열심히 산다고 해도 배움에는 한계가 있기 마련이다. 그러나 독서는 시간적인 한계로 경험하지 못한 것들을 극복할 수 있게 해준다. 그리고 자신의 깊은 내공을 쌓을 수 있도록 도와준다. 지금 읽는 책 한 권이 내게 무엇을 줄지, 내 인생을 어떻게 바꿀지는 누구도 알지 못한다. 우직하게 책을 읽어나가다 보면, 자신이 원하는 인생을 살 수 있도록 이끌어준다. 그리고 깨달음이 빨라진다.

한 가지 꿀팁이 있다면, 다양한 분야의 책을 읽어야 한다는 것이다. 내 생각과 비슷한 책만 골라 읽는 것은 위험한 독서법이다. 이런 독서는 생각의 폭을 넓히는 것이 아니라 오히려 좁게 만들고 자신을 편협한 인간으로 만들어버릴 수 있다. 내가 좋아하고 흥미를 가진 분야의 책을 찾아 읽으며 나와의 연결점을 이어나가는 것도 중요하지만, 정반대의 지점에 있는 생각들을 살펴보면서 균형감을 찾아나가도록 해야 한다. 그리고 다양한 분야의 책 읽기를 통해 어떤 생각이든 절대적인 것은 없으며, 어떤 것이 근본적인 진리를 지향하는지 고민하는 동안 자신의 세계관은 점점 더 넓어지게 될 것이다.

메이지대학교의 교수 사이토 다카시는 일본 최고의 교육 심리학자이자 인기 교수로 손꼽히지만, 젊은 시절에는 막막한 미래 앞에서 방황해야 했던 평범한 대학원생 중 한 명이었다.

8년이라는 긴 시간을 들여 대학원에서 공부하는 동안 나이는 서른이 넘었고 직장은커녕 매달 생활비를 걱정해야 할 정도로 빈털터리였으며, 몇 년간 힘들게 완성한 논문도 인정받지 못했다. 남들보다 한참 뒤처지고 있다는 생각에 불안하고 초조했던 그에게 유일한 돌파구는 독서였다. 책을 읽는 동안은 잠시 현실을 잊고, 뭔가를 배우며 어제보다 나아지고 있다는 작은 희망을 가질 수 있었기 때문이었다.

이때 생긴 책 읽는 습관은 생각의 지평을 넓히고 지혜를 쌓게 해 무슨 일이든 자신 있게 해낼 수 있는 토대가 되어주었고 인생의 갈림길에서 갈팡질팡하지 않고 후회 없는 결정을 내릴 수 있도록 도와주는 이정표가 되어주었다고 한다. 사이토 다카시는 누구에게나 닥칠수 있는 삶의 고비를 기회로 만들고, 어제보다 조금이라도 나은 모습으로 살고 싶다면 매일 단 10분이라도, 두 페이지라도 좋으니 꾸준히책을 읽어야 한다고 강조했다.

그는 "독서를 시작하기만 한다면 변화는 이미 시작된 것이다"라고 말한다. 독서는 나를 성장하게 하고 어떤 삶의 위기에도 넘어지지 않게 붙잡아주는 가장 강력한 도구다. 대부분의 사람들은 막연하게 책을 읽어야 한다고 생각하면서도 미래를 준비하고 인생을 바꾸는 데는 독서가 별 도움이 되지 않는다고 여기며 실천에 옮기지 않는다.

그러나 스무 살 학생부터 은퇴를 준비하는 50대까지 인생과 경력에서 가장 중요한 순간에 서 있는 사람이라면 누구나 반드시 책을 읽어야 한다. 왜냐하면, 아무리 열심히 산다고 해도 우리가 배울 수 있는 지식과 경험은 한정되어 있어 비판적으로 생각하고 창의적인 결과물을 만들어내기란 쉽지 않기 때문이다. 책은 읽는 만큼 자기 자신이 성장하고 있다는 성취감과 기쁨을 안겨주며 어떤 일을 하든 만족스러운 결과를 만들 수 있다는 자신감이 생길 것이다. 죽음을 이겨내고 일본 최고의 기업가가 된 손정의나 술과 마약에서 벗어나 전 세계인들이 사랑하는 토크쇼 진행자가 된 오프라 윈프리를 만든 것도 다름 아닌 책이었다. 이처럼 사이토 다카시는 크고 작은 실패로 자신감을 잃고 방황하고 있거나 자꾸 똑같은 실수를 하면서 나는 이 정도밖에 안 되는 인간이라며 스스로를 비하하는 사람들에게 지금 당장 책을 읽으라고 말한다. 그의 말처럼 독서는 치열한 경쟁에서 살아남아 풍요로운 인생을 살 수 있도록 이끌어주는 가장 강력한 도구이다.

나도 성공을 꿈꾸어오면서도 항상 이런저런 바쁜 핑계로 매일 책을 읽지는 않았다. 가뭄에 콩 나듯이 한 번씩 책을 읽었다. 코로나 기간인 몇 달 동안 외출을 자주 못 하게 되자 자연스레 집에서 책을 자주 읽게 되었고 이로 인해 나의 인생 전체가 바뀌었다. 그리고 좋은 독서 습관을 지니게 되었다. 처음에는 무료함을 달래려고 근무시간 이외에는 TV를 보거나 음악을 들었다. 쉬는 날마다 온종일 TV 앞에 앉아 있는 내 모습이 어느 날 한심스럽게 느껴질 때가 있었다.

아무 의미 없이 보내는 시간들이 아까워서 그때부터 책을 다시 읽게 되었다. 한번 책 속에 빠지니 하루가 어떻게 지나가는지를 몰랐다. 그리고 책 속에서 많은 지혜와 보물들을 발견하게 되자 내가 왜 그동안 책을 꾸준하게 읽지 않았는지 후회가 되었다. 그래서 더 많은 책을 온라인으로 구입해서 읽었다. 책을 사는 돈은 전혀 아깝지 않았다. 다양한 책들을 사서 읽다가 나중에는 자기계발서 위주로 사서 읽게 되었다. 우연히 읽게 된 김태광(김도사) 작가의 《100억 부자 생각의 비밀》을 읽고는 뭔가 전류가 흐르는 느낌을 받았다. 그 책을 읽고 난 뒤, 갑자기 나의 꿈을 찾고 싶다는 마음이 들기 시작했다. 그분의 저서를 몇 권 더 구입해 읽었고, 거기에서 내가 간절히 원하던 꿈을 실현시킬 수 있는 방법을 찾았다. 이처럼 한 권의 책이 어떤 계기를 가져다줄지는 아무도 모른다. 코로나로 인해서 나는 좋은 독서 습관을 지니게 되었고, 이루고 싶은 꿈도 찾았다. 이것이 바로 독서가 가져다주는 힘이다.

당신은 어떻게 나이 들고 싶은가

손자, 손녀를 키우며
늙지 마라

　요즘 어린이집과 초등학교에 조부모와 함께 오가는 어린이들을 보는 건 낯설지가 않다. 조부모 양육의 최대 장점은 정서적 안정감이라고 교육학자들은 말한다. 하지만 주변을 보면 육아에 부담을 느끼는 경우도 꽤 많다. 체력적으로 부담인데다 육아 문제로 자녀와 오히려 사이가 나빠질까 봐 우려하기 때문이다. 그렇다고 애매하게 의사 표시를 하게 되면 육아를 기대하고 있던 자녀가 도리어 섭섭해할 수도 있다. 자신이 없다면 자녀에게 손주를 맡아 키울 수 없다는 점을 명확하게 하는 것이 서로에게 좋다.

　먼 친척뻘 되는 K언니는 작년까지만 해도 일주일에 한 번씩 보는 친손자 재롱에 푹 빠져 있었다. 만날 때마다 손자 자랑을 늘어놓았고, 프로필 사진도 손자 사진을 바꿔가면서 올리곤 했다. 매일 화상

통화를 통해 손자 얼굴 보는 것을 낙으로 삼으며 자기 자식 키울 때와는 또 다른 재미라고 말했다. 친구들 모임에서도 각자 손자, 손녀들 얘기들을 빼고 나면 할 말이 없을 정도란다. 친구들끼리도 하루라도 자기 손주들을 안 보는 날이면 눈앞에 삼삼거려 온종일 사진만 들여다보기 일쑤라고 했다. 하루는 그런 언니가 어째서인지 힘들어 보였다. 고민이 있는 듯해 물어보니, 며느리가 육아 휴직이 끝나고 출근해야 해서 손자를 봐달라고 했다고 한다. 친정엄마는 손목 터널 증후군에 다리관절염이 있어 아기 볼 형편이 안 된다고 하면서 부탁하더란다. 처음엔 친정엄마가 보기로 약속이 다 되어 있었다고 했다. 언니도 건강이 좋은 편은 아니라서 처음부터 아이는 못 봐준다고 미리 얘기했었다고 했다. 젊은 시절, 고생도 많이 하고 해서 지금은 자기 하고 싶은 취미 생활 즐기면서 나이 먹었어도 할 수 있는 작은 공방을 운영하는 것이 꿈이라고 했다. 그러나 며느리 형편이 이러한지라 할 수 없이 며느리 집에 들어가 월요일부터 금요일까지 애를 봐주고 주말이면 자기 집으로 돌아왔다고 한다. 자기 친손자라 정말 지극정성으로 돌봐주었다고 했다.

보고 싶은 손자를 매일 보게 되니 처음에는 좋았지만, 육아가 그렇게 쉬운 것은 아니기에 갈수록 여기저기 아파오기 시작했고, 지금은 디스크까지 와서 힘들다고 했다. 육아에 집안 살림까지 맡아서 해주고 있으니 어찌 힘들지 않을 수 있으랴. 주말이면 자기 집으로 와서 쉬기는 한다지만, 친구들하고 다니던 복지관에서의 취미 생활도 못하게 되고, 여행도 가고 싶지만, 몸이 피곤해 못 가는 경우가 허다했다. 그리고 아들 내외가 부부 동반 모임이 자주 있어 주말도 반납해야 할 때도 많았다고 하소연하며 이젠 다 내려놓고 자기 일을 하고 싶어 했다.

시대가 시대인 만큼 육아 방식도 옛날과 많이 달라졌고 아이를 돌보는 데 필요한 육아 제품들도 갈수록 편리하고 좋은 제품들이 많이 나오고 있는 세상이 되었다. 이러한 세상에서 젊은 세대들의 양육 방식과 옛날 사고를 가진 조부모들의 서로 다른 양육 방식은 서로의 마음에 큰 상처를 남기게 한다. 특히 한집에 같이 사는 경우는 갈등이 배가되는 경우가 많다. 육아에 집안 살림까지 몽땅 다 조부모한테 맡겨놓고 일을 나간 며느리는 직장에서 받고 온 스트레스로 집에 들어오면 고맙다는 인사는커녕 찬바람이 쌩쌩 불기 일쑤인 경우가 많단다. 게다가 며느리가 쉬는 날이면 서로 다른 육아 방식으로 잦은 의견 충돌이 생겼다. 이들은 언제까지 며느리 눈치 보면서 살아야 하냐고 고통을 호소한다. 물론 며느리들 전부가 그러한 건 아니다. 자녀들 또한 예외에서 벗어날 수 없다. 손주가 귀엽고 좋긴 하지만 집안 살림과 양육으로 안 한 스트레스가 너무 커서 차라리 따로 나가서 살고 싶어 하고, 일했으면 했지, 애는 못 봐주겠다고 한다. 이들은 고통을 해소하기 위해 노인 심리 상담소를 찾는 일도 많단다. 특히 분가해 떨어져 살다가 손주 양육 때문에 조부모가 아들 내외 집으로 들어갔을 경우, 더 극심한 스트레스를 받는다고 했다. 그들 대부분이 차라리 가끔 한 번씩 볼 때가 훨씬 좋았다고 하면서 매일 대면하고 살고 있으니 서로 귀한 줄 모르고 또 감사해할 줄 모르는 거 같아 좋은 것보다 안 좋은 것이 더 많단다. 이렇게 불편하게 될 줄 알았으면 처음부터 거절했을 것이라면서 그러지 못한 것을 몹시도 후회한다고 했다.

맞벌이 부부가 많은 요즘, 육아에서 할머니를 빼놓고 얘기하기란 여간 어려운 일이 아니다. 그저 할머니라고 하면 주름 많고 옛날 사람이라는 이미지가 일반적인데, 현대에 들어서는 신세대 할머니, 즉 외모뿐만 아니라 생각하는 사고 방식도 깨어 있고 젊은 세대의 사고 방식을 가진 할머니들도 많다.

비교적 젊은 나이에 손주가 있는 분들은 손주들과 소통하기 위해 노인복지관 동화구연교실 같은 곳에 다니면서 열심히 구연동화를 배우기도 한다. 요즘은 시대가 변한 만큼 옛날에 자기 자식들을 키우던 고지식한 육아 방식 말고 젊은 세대의 사고 방식과 육아 방법을 배우기 위해 열심히 노력하는 신세대 조부모들도 많다. 한 지인의 경우에는 자신의 집이 자식 집과 가까워서 출퇴근하듯이 오가며 손주를 돌봐주고 있다고 한다. 같이 살지 않기 때문에 스트레스는 조금 덜 하다고 했다. 또한, 자신과 같은 부류의 사람들이랑 어울리면서 육아 관련 책과 양육 및 갈등 해결 노하우와 정보를 공유하면서 나름 잘 지내고 있다고도 했다. 이처럼 양육하는 데 마인드를 어떻게 하느냐에 따라 스트레스를 받아가며 양육할지, 아니면 생각을 바꾸어 적극적인 자세로 육아에 임할지는 개인의 선택이다. 그리고 자신이 원하든 원하지 않든 양육을 할 때는 무엇보다 자기 스스로 스트레스를 덜 받도록 마음을 비우는 편이 좋다. 경제적으로 부유한 친가와 외가는 모두가 서로 손주를 양육하려고 해서 이것도 또 큰 문제가 되는 경우가 있다. 반대로 서로 양육을 맡지 않으려고 하는 경우도 있다. 이때는 될 수 있으면 자녀 의사를 존중해주는 편이 좋다.

시부모의 경우, 며느리가 친정에 손주를 맡기면 섭섭해하는 경우가 많은데, 속상해하면 서로가 불편하다. 양육을 맡은 사돈을 최대한 배려하고 손주를 돌볼 기회가 있을 때, 최선을 다하는 것이 낫다. 보고 싶은 마음에 필요 이상으로 자주 보기를 강요하거나 원치 않는데 양육을 맡겠다 하면 사이가 더 멀어질 수 있으니 신중히 생각하고 행동해야 할 필요가 있는 것이다. 남의 손에 맡기거나 다른 양육기관에 맡기는 것보다는 아무래도 가족인 할머니, 할아버지 보호 아래에서 커나가는 것이 아이들에게는 좋다. 자신을 챙기고 생각하는 조부모의 정성과 사랑을 직접 피부로 느끼기에 심리적·정서적으로 안정감을 충분히 가질 수 있다고 한다.

그렇지만 다수의 조부모는 학력, 정보 및 사회적 관계, 경제력 등의 부족으로 손주들 양육에 심리적 부담감을 느끼는 경우가 많다. 대부분의 사람들은 손주는 예쁘고 좋지만, 양육에 대한 부담감이 너무 커서 정말 원해서 하는 경우는 그리 많지가 않다고 한다. 결국, 어쩔 수 없어서 하는 경우가 더 많은 것이다. 법륜스님의 〈즉문즉설〉에서 어떤 분이 손주 양육 문제로 질문한 적이 있었다. 그때 스님께서는 자식을 키우는 일에는 단호하게 말씀하시는 걸 볼 수 있었다. 그리고 세 살 때까지는 엄마가 돌봐야 한다고 극단적인 말도 하시면서 엄마가 있으면 절대 손자, 손녀를 대신 키워주지 말라고 하셨다. 왜 그럴까? 아이에게는 엄마로부터 보호받을 권리가 있기에 일하러 갈 때도 등에 업고 가야 한다고 하셨다. 못살던 시절에도 우리의 어머니들은 논밭 맬 때나 장사할 때 포대기로 애를 등에 업고 일했다고 했다. 요즘 사람들이라고 예외는 없다면서 그럴 수 없다면 일을 포기하라고 하셨다. 엄마의 희생을 먹고 자란 아이는 강인하고 인간다워진다고 하셨으며, 그렇지 못한 아이들은 정서적 불이익이 굉장히 많다고 말씀하셨다. 아이를 위해 엄마가 생각하는 희생은 곧 사랑이기 때문이다.

만약, 양육을 맡게 되었을 경우에는 양육 갈등 해결을 어떻게 하면 좋을까? 기본적으로 시어머니 또는 친정어머니에게 너무 많은 기대를 하는 것은 좋지 않다. 또 조부모들은 나의 손자, 손녀가 자라는 과정에서 필요한 조언을 하고 싶은 마음은 이해하지만, 엄마, 아빠가 뻔히 있음에도 불구하고 지나치게 간섭하려 드는 것은 좋지 않다. 시어머니가 별다른 뜻이 없이 한 말이라고 하더라도 며느리 입장에서는 매우 불편할 수 있다. 서로의 의사를 전달하되 감정이 상하지 않도록 잘 전해야 하며, 의견을 적절하게 조율할 수 있도록 서로 간의 노력이 뒷받침되어야만 고부간의 큰 감정싸움으로 번지지 않을 수 있다.

나는 개인적으로 손주는 부모가 키울 것을 권하는 쪽이다. 하지만 어쩔 수 없는 상황에서 손주를 꼭 돌봐주어야 한다면, 이때는 자기 생활을 침해받지 않는 선에서 탄력적으로 손주를 돌보아주어야 한다. 그리고 기왕 돌봐주기로 선택했다면 손주를 그냥 먹이고 재우는 기본적인 육아에 국한해서는 안 될 것이다. 자녀를 키울 때와 손주를 키울 때의 육아 환경이 엄청나게 달라져 있다. 다양한 육아 프로그램을 공부해 손주들에게도 도움이 되게 해야 한다. 그러나 손주가 한명 있을 때와 여러 명 있을 때는 또 다른 법이다. 오죽하면 오면 반갑고 가면 더 반갑다는 말이 왜 나왔겠는가? 나이 먹어서도 자신의 소중한 삶을 손주들 키우는 데만 너무 올인하는 것도 바람직하지 않다. 자기 자신을 먼저 찾으면서 살라고 말해주고 싶다. 오직 손주들 키우는 데만 에너지를 다 소비해버린다면 그건 자기 자신을 존중하지 않는 것과 같다.

　양육하든 안 하든 개인의 선택이겠지만, 현명한 선택을 통해 주어진 삶을 맡은 바 충실히 잘 살아나가야 할 것이다.

오십 넘어서 하는
공부가 가장 값지다

사람 나이를 1년으로 비유하면 쉰이면 6월이다. 몸과 마음이 쇠락해지고 인생 제대로 살아보지도 못했는데 벌써 쉰이라니….

쉰 살까지 '나'라는 존재를 억누르고 열심히 살며 바쁘게 뛰어다녔건만, 왠지 모르게 인생의 패배자 같은 느낌을 감출 수 없다. 주변을 돌아보지도 않고 달려왔는데 눈에 띌 만한 성과조차 없어 허무한 마음마저 생긴다. 하지만 빠른 시대 변천으로 쉰이면 그래도 청춘이다.

많은 사람들이 '50부터 비로소 나'의 인생이 시작된다고 한다. 하지만 '나의 50'은 그냥 오지 않는다. 내가 주인공이 된다는 의식이 있어야 하고, 삶의 보람을 찾는 일을 해야 가능하다. 그렇지 않으면 그냥 나이만 먹어가는 의미 없는 쉰을 보내는 것이 된다.

'나의 50' 현재를 후회 없이 즐기되, 천천히 편안한 미래를 준비하

당신은 어떻게 나이 들고 싶은가

도록 하자. 그 과정에서 소소한 즐거움을 느끼고, 유쾌하고 행복한 삶을 추구하다 보면 어느새 윤택하게 바뀐 내 삶을 발견할 수 있을 것이다. 그리고 쉰 살 이전의 삶을 살아오면서 느꼈던 생각들과 행동들의 오류를 수정해보도록 하자. 그리하면 앞으로 다가올 인생의 절반을 어떻게 살아야 할지 답이 나올 것이다.

쉰에도 꿈을 가지고 자기가 정말로 원하는 일을 찾아 나서는 사람들이 너무나 많다. 다시 공부를 시작한 사람, 대학 진학, 유학, 각종 자격증 취득과 외국어 공부, 연기 공부, 가수, 요가 지도자길, 기타 등등 헤아릴 수 없을 정도로 쉰에 인생 제2막을 위해 열심히 준비하거나 이미 시작한 사람들도 있다. 각자 꿈을 갖는 시기의 차이는 있겠지만, 꿈을 찾아 자신만의 길을 꿋꿋하게 걸어가는 사람은 강한 신념으로 대부분 성공한다. 그래서 쉰 살 넘어서 하는 공부가 진짜 값진 공부다.

나의 경우를 예를 들어보겠다.

나는 간호사로 일하다가 그 당시로는 늦은 나이에 결혼해 남편 그늘 밑에서 집안 살림과 애들 양육만 하며 살고 있었다. 그렇게 시간이 한참 흘러 남편이 아프고 가세가 기울어 손을 놓았던 간호사 일을 40대 후반에 다시 시작했다.

대학병원에 근무한 경력은 있지만, 오랜 기간 손을 놓았던지라 다시 일할 수 있을까 못내 걱정도 되었다. 요양병원이 그 당시 많이 생기면서 활성화 붐이 일기 시작하던 때에 용기 내어 이력서를 가지고 H요양병원에 지원했다. 한번 수영을 배워두면 물에 쉽게 몸이 뜨듯이, 우리 업무 역시 현장에서 다시 차근히 배우면 할 수 있겠다고 생각해 용기를 내었다. 다행히 윤금선 간호부장님께서 나에게 기회를 주신 것이 계기가 되어 현재까지도 요양병원에 근무를 잘 하고 있다. 당시 나에게 기회를 준 그분은 나의 은인이나 마찬가지였다.

매우 늦은 나이에 다시 병원에 재취업하게 되자, 나는 사는 보람을 느꼈다. 내가 사회에 뭔가 보탬이 될 수 있다는 희열이 이루 말할 수 없을 정도로 컸다. 일을 조금 더 일찍 시작했더라면 좋았을 걸 하는 후회도 들었다. 그래도 비록 늦은 나이지만, 내가 가운을 입고 일을 하게 된 것이 얼마나 기쁘고 감사했는지 모른다. 그동안의 경력 단절의 격차를 줄이기 위해 나는 최선을 다했다. 이제 막 간호대학을 졸업한 것처럼 처음부터 하나하나 물어가며 일을 배워나갔다. 요양병원이라서 일이 수월할 줄 알았는데, 또 그건 아니었다.

재활 요양병원이다 보니 우리 병동만 해도 하루 입·퇴원이 한두 명은 기본이고 많게는 하루에 네 명도 받았다. 환자 상태가 나빠지면 중환자실로 보내었으며, 이외에도 업무 자체가 거의 급성기병원 수준이었다. 하지만 내가 일을 배우기에는 오히려 바쁜 것이 훨씬 좋았다. 다행히 동료들은 따뜻한 마음으로 다 잘 가르쳐주었다. 나는 나에게 기회를 준 윤금선 간호부장님 얼굴을 봐서라도 내가 일을 잘 못 하면 나이 많은 사람 채용했다고 욕을 먹을 것 같아서 더욱 열심히 노력하면서 일을 배워나갔다. 간호대학 다닐 때보다 더 열심히 공부했던 것 같다. 퇴근 후에도 전공 서적을 옆구리에 끼고 살았다. 쉬는 날은 도서관에 가서 온종일 공부했다. 모든 게 새로웠다. 다시 공부를 시작하니 내가 살아 있다는 것을 느꼈다. 작은 것 하나라도 놓치지 않으려고 적은 메모 수첩은 너덜거릴 정도였다. 학교 다닐 때 내가 이렇게 공부를 열심히 했더라면 뭐가 되어도 되었을 것 같았다.

절박한 마음은 나를 성장시켜주었다. 병원 시스템과 매뉴얼을 다 익히고 난 후 3개월이 지나자 어느 정도 일에 자신감이 붙었다. 내가 생각했던 대로 수영을 한번 배우고 나면 물에 쉽게 뜨는 것과 같은 이치였다. 몇 개월이 지난 후부터는 몸으로 뛰는 액팅 일에서 환자 전체를 책임지고 업무를 봐야 하는 차팅 업무를 맡게 되었다. 처음으로 내 근무시간 동안에 일어나는 모든 일을 책임지고 해결해야 한다는 부담감이 커서 잠도 제대로 못 잘 지경이었다. 하지만 나는 항상 '그도 할 수 있으면 나도 할 수 있다'라는 생각으로 살아가는 사람이기 때문에 용기 내어 차팅 업무를 보았다.

비록 간호사 일을 손 놓은 지는 오래되었지만, 큰 병원에서 일했던 경력이 몸에 저장되어 있었는지 무리 없이 곧잘 차팅 업무도 잘해나갈 수 있었다. 그리고 시간이 지난 뒤, 이브닝 근무만 전담해서 일하는데도 불구하고 책임간호사라는 직책도 받게 되었다. 더 나아가 나중엔 다른 병동에 수간호사 자리가 공석일 때마다 지금도 연락하면서 지내는 김경미 선생님과 내가 후보로 거론되어왔다. 하지만 두 명 다 감투는 알레르기 날 만큼 싫어해서 나이 핑계 대고 거절했다. 나는 이브닝 고정 근무만 할 수 있는 것만으로 이 나이에 할 수 있는 최고의 행복한 일이라 생각해 충분히 만족했었다. 그러던 중 K간호조무사 학원에서 일주일에 두 번만 강의해달라는 요청이 왔다. 내가 이브닝 근무만 하므로 오전에 충분히 할 수 있겠다 싶어 승낙했다. 간호조무사 학원에서 3년가량 강의하면서 보람도 많이 느꼈다. 이후 나만의 시간을 더 갖고 싶고 배우고 싶은 다른 취미가 생겨서 강의는 3년가량만 하고 그만두었다. 그리고 시간이 지나 나는 S요양병원으로 이직했다.

현재 나는 S요양병원에 이브닝 근무자로 일하고 있다. 이처럼 늦은 나이지만 할 수 있다는 자부심 하나로 무모하다고 생각될 수 있는 늦은 나이에 도전해 극복했고, 나의 일에 지금까지도 보람을 느끼며 살고 있다. 그러나 나의 꿈은 여기서 멈추지 않고 계속 생겨났다. 지금은 내가 가장 되고 싶었던 작가의 꿈을 안고 글을 쓰며, 작가로서의 기본기를 다질 수 있는 코칭까지 받고 있다. 나는 나의 꿈을 위해서 또다시 열정을 쏟고 있다. 내 꿈이 어디까지 클지는 나도 잘 모른다. 하지만 나는 꿈을 꾸는 것 자체를 너무나 좋아한다. 허황되어 보인다고 욕할 수도 있겠지만. 나는 타인의 시선을 크게 염두에 두지 않는다. 나는 나의 이런 모습을 사랑한다. 내가 꿈꾸고 도전할 수 있다는 것이야말로 공부 중의 공부라 생각한다.

당신은 어떻게 나이 들고 싶은가

내 주변에는 자신의 꿈을 실현시킨 사람들이 꽤 많다. 그중 자신의 꿈을 멋지게 성사시킨 한 사람이 있다. 그분만 보면 저절로 존경심이 우러나올 만큼 대단한 사람이라고 칭송한다.

H요양병원에서 같이 근무했던 간호사 Y씨는 간호조무사 생활을 오랫동안 하다가 간호사가 되고 싶어서 늦게 간호대학을 나온 분이었다. 같이 근무하면서 서로 통하는 부분이 많아 자주 어울리곤 했는데, 어느 날 공부가 더 하고 싶어서 간호대학원을 가고 싶어 하기에 40대 후반이고 곧 쉰 살이 다가오므로 너무 늦은 나이라고 생각해 처음엔 만류했었다.

그러나 그녀는 자신의 꿈을 놓치지 않았고 우리의 만류에도 아랑곳하지 않았으며, 석사 과정을 마친 후 간호대학 여러 곳에서 시간강사로 강의했다. 그것으로도 부족해 더 공부하고 연구해 현재는 간호학 박사가 되어서 모 대학에서 전임교수로 근무하고 있다. 그녀의 노력과 성공에 뒤늦게나마 찬사를 보냈으며 지금도 가끔 만나서 식사를 하면서 꿈을 이룬 인간 승리의 표본이라고 칭찬을 아끼지 않는다.

이와 같이 자신의 꿈을 이루는 데 나이는 아무 상관이 없다. 그런데도 나이 때문에 늦었다고 포기하는 사람이 많다. 자기 꿈을 위해 최소한의 노력도 안 한다. 세상이 정해놓은 늦은 나이란 없는데도 말이다. 50대에도 유학을 가고, 60대에 밸리댄스, 탭댄스, 색소폰, 샹송을 배우거나 친환경 수경 재배로 회사를 설립하는 등 취미를 넘어 강사로 활동하는 분들도 많다.

우리가 꿈을 꾸는 순간부터 이미 꿈의 반은 시작되었다고 볼 수 있다. 사람들은 자신이 생각하는 나이가 그 사람의 나이라고 말한다. 나는 아직도 내가 50대 초반이라 생각하는데, 나이를 의식하지 않고 내가 충분히 사회에 보탬이 되는 일원이라고 생각하면서 살아가니까 실제로 내 나이보다 훨씬 젊게 본다. 그만큼 의식이 중요하다는 것을 느낀다. 그래서인지 내 의식은 실제로 쉰에 머물러 있다.

우리 인생에는 세 번의 기회가 찾아온다고 한다. 운 좋게 모두 손아귀에 움켜쥘 수도 있겠으나 절실해야만 한 번의 기회라도 잡을 수 있다고 한다. 마지막이 될지도 모를 이 기회를 잡고자 한다면, 쉰 살부터는 마음가짐부터 달라져야 한다. 쉰에 오는 부정적인 변화를 기쁘고 긍정적으로 받아들이도록 하자.

나에게도 좋고 누군가에게 도움이 되는 그런 삶, 새로운 삶의 역할을 찾다 보면, 반드시 발견할 수 있는 날이 온다. 거듭 말하지만, 자신이 원하는 일을 하고자 함에 결코 늦은 때와 늦은 나이란 없다. 즐길 수 있는 일을 하겠다고 결심만 해보자. 그렇게 하다 보면 아무에게나 "나이 드는 게 즐거워요!"라고 당당하게 말할 수 있는 나 자신을 보게 될 것이다. 그렇기에 쉰 넘어서 하는 공부가 진짜 공부인 셈이다.

지금 당장
취미 생활을 가져보자

　중년에 접어든 사람들에게 취미가 뭐냐고 물어보면, 몇몇은 '숨쉬기가 취미다' 또는 '취미가 없는 것이 취미다'라고 웃으면서 농담처럼 말한다.

　그리고 실제로 게으른 사람들은 바쁘다는 핑계로 취미 생활을 하지 못한다고 둘러대거나, 아니면 먹고살기 바쁜데 무슨 취미 생활이냐며 자신들은 그럴 여유가 없다며 말하기도 한다. 취미라는 것이 특별한 것도 아니고 돈과 시간이 꼭 있어야만 할 수 있는 것도 아닌데도 말이다. 그러나 대부분의 사람들이 기계처럼 일만 하지 않기에 쉬는 날 취미 생활 없이 무엇을 하며 보내야 할지 모른다는 건 매우 위험한 상황이다. 왜냐하면, 이러한 사람들은 어떤 조그마한 즐거움조차 느끼지를 못한다거나 스트레스를 해소할 만한 활동이 없기에 삶의 질이 떨어져 자칫 잘못 하다가는 삶의 의욕마저 떨어질 수 있기 때문이다.

그러므로 지금 현재 정년을 앞두고 있거나 적절한 취미나 관심사가 없다면, 퇴직 후 갑작스러운 환경 변화로 무기력함에 빠지게 되어 심할 경우 우울증에 시달릴 수도 있으니 미리 자기가 좋아하는 취미 생활 한 가지는 가지려고 노력하는 것이 좋다.

나의 취미는 여행, 독서, 영화 감상, 음악 감상, 동전 모으기다. 동전을 모으게 된 것은 우연히 보게 된 잡지 책에서 100원짜리와 500원짜리 동전 하나가 몇십만 원에 거래된다는 내용을 보게 되고부터다. 발행연도에 따라 기념일 이벤트가 있었거나 적게 발행되어 그 희소성으로 인해 비싸게 팔린다는 것이었다. 1원짜리, 50원짜리 동전도 값을 꽤 비싸게 부른다는 것도 알았다. 그래서 얼른 내가 가지고 있는 동전들을 전부 꺼내어 꼼꼼히 살펴보았으나, 맞아 떨어지는 것은 하나도 없었다.

하지만 나는 그것을 시작으로 혹시나 하는 기대를 하게 되면서부터 동전 모으기가 취미가 되어버렸다. 지금은 사람들이 카드를 많이 사용하다 보니 동전 보기도 차츰 어려워지고 있다. 게다가 가상화폐까지 나오고 있는 지금의 현실을 보고 있자니 동전뿐만 아니라 지폐도 먼 훗날엔 볼 수 없게 될지도 모르겠다는 생각이 들었다. 그래서 이 동전이 미래엔 가장 가치 있는 유산이 될지도 모르기에 보물처럼 여기며 모으고 있다.

취미 생활을 갖는다는 것은 그렇게 힘들고 어려운 일은 아니다. 집

당신은 어떻게 나이 들고 싶은가

에서 할 일 없이 버리는 시간을 조금 이용하는 것이라 생각하면 된다. 지금 현재 취미 생활이 전혀 없는 사람들은 우선 그냥 자신이 좋아하는 것부터 천천히 해보도록 하자. 요리, 십자수, 뜨개질, 인형 만들기, 집 수리하기, 예술 사진 찍기, 조립하기, 그림 그리기 등등….

세상에는 해볼 만한 일들이 의외로 많다. 그리고 집에서 혼자 하는 취미 생활인데 그것이 무엇이든 그 누가 뭐라고 할 수 있겠는가? 그냥 시작하면 그만이다. 지금 당장 시작해보자!

동료인 J선생님은 손재주가 정말 많다. 그중에서도 손뜨개질은 가히 수준급이다. 처음엔 친환경 수세미를 짜서 동료들한테 선물로 돌렸다. 그 후에도 이것저것 만들어서 동료들에게 선물을 자주 하곤 한다. 자신이 들고 다니는 가방도 손뜨개질로 만든 것이었다. 한 올, 한 올 정성스럽게 짜서 만들어진 가방을 보고 있자면 입이 떡 벌어질 정도다. 손뜨개 방을 오픈해보라고 말하면 자기는 그냥 취미로 하는 거라면서 무언가를 만들어서 누군가에게 선물했을 때 상대방이 너무 좋아하는 모습을 보면 기분이 좋아져 더 자주 만들어주게 된다고 했다.

또 다른 동료 K씨는 취미가 등산이다. 처음엔 누군가를 따라 다니면서 등산을 했다면, 지금은 제법 알아주는 산악회를 직접 운영하고 있다. 산악카페를 들어가 보면 저절로 등산하고 싶을 정도의 마음이 생기게끔 카페 홍보와 운영도 잘하고 있다. 지금은 약초 공부도 하고 있어서 조만간 등산하면서 약초만을 캐러 다니는 등반 모임을 만들고자 차근차근 준비 중에 있다고 했다.

취미 생활이 하기 싫을 만큼 일이 바쁜 사람들에게 끊임없이 취미 생활을 하라고 권유한다면, 그것도 스트레스받는 일이 될 것이다. 계속된 일과 스트레스를 받아가며 일하는 이들에게 주말에는 집에서만 머물지 말고 쇼핑도 하고 문화생활도 즐기라고 잔소리한다면 그들에겐 이 말이 가혹하게 들릴지도 모르겠다. 하지만 당장 힘든 현실에 무리야 따르겠지만, 취미 생활을 해나가다 보면 오히려 삶의 여유가 생기고 스트레스도 덜 받게 되어 한결 즐거운 삶을 유지할 수 있다.

베란다에서 채소를 가꾸어 먹는 취미를 가진 박희란 작가는 그 취미를 넘어 《베란다 채소밭》이라는 책도 펴냈다. 그리고 베란다 변신 프로젝트 《그녀의 아지트 베란다》는 베란다라는 작은 공간을 넓게 쓰고, 숨은 공간을 발견해 가든, 작업실, 키친, 클리닝 룸 등으로 변신시키는 다양한 아이디어 77가지를 소개하고 있다.

그리고 유튜브에 요가 동영상을 올려 많은 사랑을 받는 이도 있다. 요가를 하기 전에는 자신의 몸이 하나둘씩 망가지기 시작해 신체적으로 특정 부위가 불편해지고 크게 우울감을 가지게 되었단다. 그러던 중, 요가를 우연히 접하게 됐는데 현재는 요가가 취미가 되어 요가원 나가는 게 즐거워졌다고 한다. 그러면서 요가를 통해 본인이 느끼는 긍정적인 감정들을 더 많은 분들과 공유하고 싶어 유튜브를 하게 되었고 높은 동영상 조회 수를 기록하며 사랑받고 있다.

너무 사소해서 지나치기 쉬운 것들을 좋아하게 되는 것도 취미가

당신은 어떻게 나이 들고 싶은가

된다. 어떤 분들은 이제는 취미가 너무 좋아져서, 좋아하는 것만으로는 부족하다 느끼게 되어 그것들을 콘텐츠로 만들어 더 유익한 자기만의 일로 만들어나간다. 처음 취미로 시작한 것이 자기 직업이 되는 경우가 많다.

요즘 사람들에게 '취미가 뭐예요?'라고 질문하면 다들 할 말이 많다. 진부하게 독서나 영화 감상이라 둘러댔던 이전 세대와는 확연히 다르다. 지금은 삶의 만족을 위해 취미 생활을 하는 것에 작은 사치와 투자를 아끼지 않는다. 제대로 된 취미 하나쯤은 필수로 갖춰야 할 시대다. 계획을 세우는 것 중에 '취미'라는 두 글자를 1순위로 적어보자.

스물여덟 살의 노진호 씨의 취미는 프리 다이빙(별도의 호흡 장치 없이 하는 잠수)이다. 1년 반 전에 우연히 접한 뒤, 이제는 강사 자격증 코스를 준비할 정도로 빠져들었다. 국내에서는 여름밖에 할 수 없는지라 두 달에 한 번씩 해외에 나간다. 수입 20%를 취미에 쓰는 이유다. "어차피 다른 취미를 즐기더라도 돈을 쓰기 마련인데, 목표가 있으니 아깝지 않다"라는 게 노 씨의 생각이다. 요즘은 옛날과 다르게 취미 소비의 성격도 달라지고 있다.

여럿이 배워야 하거나 팀을 꾸려야 하는 운동이 아니더라도 함께하는 모임이 대세다. 돈과 시간이 들지만, 취향 공동체를 원하는 사람이 많기 때문이다. 마케터로 일하는 스물일곱 살의 박솔미 씨는 독서를 혼자가 아닌 모임으로 즐긴다. '트레바리'라는 커뮤니티 서비스에 가입해 관심사가 같은 회원들을 모아 한 달에 한 번씩 모임을 가져온 지 1년이 넘었다. 그간 마케팅부터 영화, 건축미술까지 다양한 독서를 경험했다. 박씨는 "독후감을 쓰며 생각을 정리하는 것 외에도 나와 다른 이의 이야기를 듣는 일이 재미있고 가치 있게 느껴진다"고 말했다. 2015년 트레바리를 창업한 윤수영 대표가 포인트로 삼은 것도 정확히 이런 맥락이다. "사람들이 혼자서는 읽지 않았을 책을 같이 읽으면서 서로의 생각을 소화하는 자리를 필요로 하고 있더라"는 것이다. 저렴한 가격이 아님에도 80명으로 시작한 회원 수가 2년 만에 1,300명으로 늘었다. 과거에 독서란 딱히 시간·장소의 구애를 받지 않으면서도 혼자 즐길 수 있다는 장점이 부각됐지만, 이제는 이조차 다수가 소통하는 사교의 기회로 활용되는 셈이다.

혼자하기 좋은 취미로 꼽히는 피트니스도 교류의 장으로 탈바꿈되긴 마찬가지다. 새해마다 운동 계획을 세우지만 늘 작심삼일이 됐던 스물아홉 살의 직장인 양나래 씨는 운동 커뮤니티에 들며 흥미를 되찾았다. 양씨가 가입한 '버핏 서울'은 25~35세의 직장인 남녀 각각 여덟 명씩을 한 그룹으로 짜 운동 프로그램을 운영하는데, 운동 수준과 직업, 운동 동기 등이 맞는 사람들끼리 팀이 이루어지면 6주 동안 일주일에 한 번씩 만나 맨몸, 소도구 운동을 함께한다. 평일에도 그룹 대화창을 만들어 소통하며 친분을 쌓고 있다. 서른세 살의 스타일리스트 김신애 씨는 서너 명이 모여 그림을 그리는 홈아틀리에 '앤드로잉(anddrawing)'에서 활동한다. 강사 집에서 서너 명씩 함께 그림을

당신은 어떻게 나이 들고 싶은가

그리는 소모임이다. "혼자 그리는 것보다 여럿이 모이면 주제를 잡는 것부터 아이디어를 공유하는 과정 자체가 훨씬 즐겁다"는 게 김씨가 이 모임을 택한 이유다.

취미 생활이 희망이 되어 많은 사람들이 취미 생활을 준비하고 즐기려 한다. 미래를 위한 새로운 희망을 발견할 수 있고 일상생활에 소소한 기쁨을 느끼면서 만족감을 가질 수 있다. 요즘은 취미 활동을 하다가 직업으로 이어지기도 하고 인간관계도 넓혀주어 스타가 되는 사람들도 많다. 그리고 사람을 행복하게 만들어주기도 한다.

취미가 없는 사람만큼 재미없는 사람도 없다. 많은 사람들이 취미를 은퇴 후 시간이 많을 때 갖는 것으로 생각하지만, 그것은 잘못된 생각이다. 잘 배운 취미 하나가 평생 직업이 되는 시대이기 때문에 취미는 젊었을 때 가지는 것이 더 좋고, 취미를 노는 것으로 인식해서는 안 된다.

인생의 경험과 깨달음을
책으로 써보자

코로나19 기간이 꽤 길어지고 있다. 매스컴은 온통 아직도 코로나19 소식들이다. 한동안 사람들을 만나지 못했기에 갑갑하기도 했지만, 그래도 의미 있는 시간을 보내야겠다는 생각으로 책을 읽기 시작한 것이 몇 달 동안 그 양이 꽤 쌓였다. 그동안 많은 책을 읽어가면서 나의 내면 상태와 전반적인 삶을 돌아보게 되었다. 순간순간이 모여 나의 인생이 되었고, 그 순간들이 때론 너무 힘들어 절망스러웠던 기억들이 떠오른다. 중년에 들어 내 인생에 갑자기 큰일들이 벌어졌고, 자식들을 위해 슬픔도 뒤로하고 가장이 되어서 앞만 보고 달리는 경주마처럼 헉헉거리며 달려온 나날들이었다.

지금까지 나는 인생의 다양한 쓴맛을 많이 경험하며 좌절도 했지만, 그래도 여기서 모든 것을 포기하고 아무렇게나 살고 싶지 않았기

당신은 어떻게 나이 들고 싶은가

에 남은 인생이라도 행복하고 보람차게 보내고 싶다는 마음에서 책을 가까이했다. 나는 심리학자 웨인 다이어의 세계적인 베스트셀러 《행복한 이기주의자》를 읽고 책 내용처럼 생각하고 그에 따른 행동을 하기 위해 최선을 다해 노력하고 있다. 흔들리지 않는 단단한 삶을 위해서는 '인생에 대한 나만의 태도'를 스스로 정해야 한다고 조언한다. 행복하지 않았던 과거, 불안한 미래와 작별하고 오직 현재, 지금 이 순간을 충실히 살아갈 지혜와 만나야 한다. "지금 여기서 행복하지 않다면 행복은 그 어디에도 존재하지 않는다." 다른 사람의 의견이나 동조 같은 것을 구하거나 의존하지 말고, 나만의 길을 가야 함을 느꼈다. 모든 일은 내 생각에서 발생한다. 다른 사람이 나에게 붙여주었던 꼬리표를 던져버리고 내가 하고자 하는 것, 내가 원하는 '나'로 나아가야 한다. 다른 사람의 눈치를 보는 내가 되지 말 것을 나 스스로에게 다짐하면서 내 삶과 내 가치는 내가 만들어가야 한다는 것을 깨달았다.

다양한 책들을 보면서 나의 꿈도 스멀스멀 깨어나려 하는 것을 느꼈다. 책은 나에게 많은 것을 가져다주었고, 코로나 기간에 읽은 책만으로도 나는 얻은 게 너무나 많았다. 어떤 사람은 단 한 권의 책으로 인생이 바뀌기도 하고, 또 어떤 사람은 비록 더디더라도 읽은 책이 쌓여서 인생이 바뀌기도 한다. 책의 양이 문제가 아니라 책을 읽는 행동으로 인해서 인생이 바뀐다. 나 역시도 자기계발서를 읽다가 《100억 부자의 생각의 비밀》를 읽고 '작가의 꿈을 실현해볼까?' 하고 마음이 꿈틀거렸던 것이었다.

어느 날, 책 구입을 위해 인터넷서점을 뒤적이고 있었는데 우연히 조영석 작가의 《이젠, 책 쓰기다》라는 책이 눈에 들어왔다. 조영석 작가는 이제는 '책을 써야겠다면 읽어라! 그리고 써라! 무시하고 책 쓰기에 덤벼라!', '왜 책을 쓰는가? 책 쓰기는 인생을 바꾸는 자기 지름길이며 남녀노소 직업 불문하고 책 쓰기가 인생을 바꾼다'라고 했다. 이제는 독서를 넘어 책 쓰기가 필수인 시대라며 적극적으로 책을 써보라고 권장한다. 책 쓰기에 관한 나의 탐구는 그렇게 시작된 것이다.

건설사 상무로 은퇴해 현재 제2의 인생을 맞은 권하진 작가는 《내 인생의 선물》이라는 책을 썼다. 온몸으로 부딪치며 느낀 삶의 흔적을 담은, 은퇴의 길목에 선 신중년들을 위한 라이프 에세이다. 동시대를 겪으며 살아온 세대에게는 마치 자신의 이야기인 듯한 공감을 안겨주고, '중년의 삶, 어떻게 살아야 할까?'라는 질문 앞에 저자의 이야기를 통해 하나의 길을 보게 한다. 또 은퇴까지 아직 시간이 남은 직장인들이라면 저자의 치열했던 직장 생활 이야기를 통해 인간관계 등의 노하우를 얻고, 언젠가는 자신에게도 닥칠 은퇴 이후의 삶을 미리 준비할 수 있도록 도움을 주는 책이었다. 이외에도 많은 분들이 자기의 경험담을 책으로 펴내고 공유하고 소통하고 있다.

나는 책 쓰기에 관한 정보를 더 많이 알고 싶어 여기저기 정보를 뒤적거리며 찾아다녔다. 그러다 또다시 김태광(김도사) 작가의 도서가 눈에 들어왔다. 《성공해서 책을 쓰는 것이 아니라 책을 써야 성공한다》라는 책이었다. "책 쓰기는 자기계발의 시작이자 끝이다! 이제는 더 이상 회사도, 배우자도 나의 미래를 책임져주지 않는다. 그래서 자신이 평범하다고 생각된다면 무조건 책을 써야 한다. 책을 써서 다른 사람들에게는 없는 경쟁력을 갖추어야 한다. 내 이름 석 자를 알릴 수 있는 퍼스널 브랜드를 구축해야 한다. 책 쓰기는 성공하는 인생을 갈망하는 사람들을 위한 자기 혁명서이다"라는 내용이었다.

　그리고 책을 써야 하는 다섯 가지 이유에 대해서 알려주었다.

　첫째, 책은 최고의 소개서다. 언론 인터뷰보다 더 영향력이 크다.

　둘째, 사회적 영향력이 크다. 대중을 대상으로 책을 출간하게 되면 세상에 자신의 존재감을 드러낼 수 있다.

　셋째, 전문가의 자격증이다. 책을 출간하는 순간, 자신의 분야에서 전문가로 인정받게 된다.

　넷째, 미래가 달라진다. 가슴이 뛰기 시작하고 생활에 활력이 생긴다. 다양한 기회들이 생긴다.

　다섯째, 사회에 공헌하는 일이다. 자신의 지식과 경험, 노하우를 책에 담는다면 그 책을 읽은 사람들의 인생이 달라진다고 한다.

　이처럼 책 쓰기는 운명을 바꾸는 자기 혁명이다. 평범한 사람일수록 책을 쓰라고 했다.

　이 한 권의 저서를 다 읽고 난 후, 나는 그저 꿈만 같았던 꿈을 현실화하기 위해 실행에 옮겼으며, 이미 내 안에서 자기 혁명이 시작되고 있었다.

한 권의 책에는 사람의 인생을 완전히 바꾸게도 할 수 있는 강력한 힘이 있다. 그러나 꿈이 있는 사람들은 생존 독서만으로는 운명을 바꿀 수 없다는 것을 깨달아 책 쓰기에 도전한다. 그 결과, 전문가로 인정받아 자신의 분야에서 최고가 될 수 있었다. '생존 독서'에서 '생존 책 쓰기'로 전환하게 되면, 저서가 자연스레 쌓이며 다양한 기회를 누리게 된다.

칼럼 기고, 강연, 컨설팅 활동 등 자신이 좋아하는 일을 하며 사회에 공헌하고 수익을 창출하는 등, 평생 현역으로 살 수 있는 경쟁력을 갖출 수 있게 되는 것이다. 많은 사람들의 가슴에는 내 이름으로 된 책을 쓰고자 하는 열망이 있다.

하지만 이런 열망은 그저 열망으로 끝날 때가 많다.

그것은 책을 쓰는 방법을 모르는 데다 매일 조금씩 원고를 쓰는 습관이 되어 있지 않기 때문이다. 책 쓰기 프로세스와 책을 쓰는 습관이 몸에 배어 있다면 누구나 책을 쓸 수 있다. 김태광 작가 역시 매일 글쓰기를 쉬지 않았기 때문에 지금처럼 작가가 되었고, 대한민국 최고의 책 쓰기 코치, 강연가가 될 수 있었다고 한다.

나는 꿈을 현실로 이루기 위해 '한책협'에서 책 쓰기 코칭을 받으며 작가가 되기 위한 공부를 꾸준히 해오고 있다. 작가는 특정한 사람만

될 수 있는 것이 절대 아니다. 작가는 자신 안에 있는 경험과 정보, 어떤 주제에 대한 노하우를 밖으로 꺼내면 누구나 될 수 있다.

책을 쓰는 것은 세상에 나를 드러내는 것이다. 책은 평범한 우리를 비범한 존재로 만들며, 자신만의 천재적인 재능을 발견할 수 있게 한다. 요즘 많은 사람들이 더욱 나은 인생을 꿈꾸며 책을 쓰고 싶어 하고, 책 쓰기 코칭을 받고 있다. 교사, 교수, 의사, 회계사, 변호사, 회사원, 영어 강사, 요리사 등 다양한 직업을 가진 사람들이다. 이들은 1인 창업 시대에 발맞추어 퍼스널 브랜드 때문에 책을 쓰기도 한다. 이처럼 책 쓰기는 점점 정년이 짧아지고 있는 현대사회를 사는 모든 이들에게 은퇴 증후군에서 벗어나 제2의 인생을 멋지게 열게 해주는 충분한 도구가 된다.

세상에는 지식과 경험, 노하우, 삶의 깨달음을 원하는 사람들이 많다. 각자가 이런 것들을 꺼내지 않았기 때문에 못 전할 뿐이다. 나는 요양병원 간호사로 근무하면서 나이 먹었다고 꿈과 희망 없이 무표정으로 지내오는 많은 사람들과 죽음을 앞두고 두려워하는 수많은 사람들을 보아왔다. 그리고 내 주변에도 여진히 희망조차 품지 않고 살아가는 사람들이 많기에 꿈과 희망을 전해주는 메신저가 되어 내가 가지고 있는 지식과 경험, 정보, 비법을 알려주기 위해 책을 쓰기로 했다. 내가 책을 쓴 가장 큰 이유가 바로 이 때문이다.

버킷리스트 다섯 가지를
노트에 적어보자

버킷리스트는 일명 '소망 목록'이라고도 한다. 버킷리스트에 대한 예를 들어보면 세계 여행, 크루즈 여행, 유명한 장소 가보기, 맛있고 비싼 음식 먹어보기, 예쁘고 멋진 명품 옷이나 가방 구매하기, 스카이 다이빙해보기 등이 있다. 통상적으로 보면 암 등의 질병으로 투병하다가 죽기 전에 여행 등을 목표로 소원을 성취한다는 개념으로 다들 생각하곤 한다.

하지만 정작 위의 개념대로 작성하면 열 개도 못 쓴다. 버킷리스트를 시도했다가 실패하는 가장 큰 이유는 버킷리스트의 의미에 얽매여 '이걸 이뤘다면 당장 죽어도 상관없다'라는 정도의 것을 써야 한다고 생각하기 때문이다. 제대로 활용하고 싶다면 의미에서 벗어나 그냥 '이루고 싶은 리스트' 정도로 생각하고 실천 가능한 것들로 써 내려가다 보면 어릴 때부터 자신이 잊고 있었던 자신의 진짜 보석 같은 소원

당신은 어떻게 나이 들고 싶은가

들이 나타나기 시작할 것이다. 사실 이런 소원들을 찾아내 리스트에 적는 것만으로도 이미 버킷리스트 작성은 완성되었다고 볼 수 있다.

나의 버킷리스트 작성 목록을 보면 이루고 싶은 것들이 100개 정도 적혀 있다. 자세히 보면 아주 소소하다. 주로 'OO 가고 싶다', 'OO 사고 싶다', 'OO 배우고 싶다' 등 아주 일반적인 내용이다.

그중 내가 가장 이루고 싶은 버킷리스트 다섯 가지를 적어보았다.

첫째는 베스트셀러 작가가 되어 〈세바시〉 출연하기다. 이것은 최근에 가진 꿈이다. 유튜브를 통해 자주 〈세바시〉 프로를 시청하는데 유명 인사부터 출연자들 대부분 다 성공을 거둔 사람들로, 시청할 때마다 감동을 주는 명강의가 허한 가슴속을 꽉 채워준다. 나도 만약 베스트셀러 작가가 된다면 〈세바시〉에 출연해 마이크를 잡고 꿈과 비전을 많은 사람들에게 전해주는 꿈을 상상해보곤 한다.

두 번째는 '꿈 아카데미' 설립하기다. 나는 병원 근무를 하면서 웃음기 하나 없는 무표정하고 얼굴 근육이 굳어 있는 환자와 보호자들을 종종 보곤 한다. 그들을 볼 때마다 꿈과 희망이 없는 모습에 가슴 한쪽이 아파오기 시작한다. 그래서 이런 사람들에게 평상시에도 꿈을 잃지 않고 희망을 품을 수 있도록 도와주고 싶은 마음에 '꿈 아카데미'를 설립하고 싶다.

세 번째는 '꿈 코칭가, 강연가, 힐링가로서 동기부여해주는 1인 창업가' 되기다.

나는 어려운 환경과 좌절 속에서도 꿋꿋하게 잘 견뎌내 꿈을 안고 지금까지 살아왔다. 그동안의 쌓은 지식과 경험, 삶의 깨달음 등을 전해주는 꿈 메신저, 동기부여가가 되고 싶다.

네 번째는 '크루즈로 80일간의 세계 여행하기'다. 나는 여고 시절, 〈80일간의 세계 일주〉라는 영화를 보고 크루즈 여행을 하는 꿈을 꾸었다. 그 당시 우리나라가 못살았기 때문에 해외 여행이나 크루즈 여행은 꿈도 못 꾸던 시절이었다. 하지만 나는 돈을 벌어 꼭 크루즈 여행이나 해외 여행 둘 중의 하나는 해볼 것이라는 꿈을 포기하지 않았다. 그 덕분에 간호사가 되어 20대 후반에 사우디 리야드 센츄럴 병원에 3년간 해외 근무를 하게 되었고, 많은 돈도 벌어서 부모님께 효도했다. 1년에 한 번씩 45일 유급휴가를 줄 때마다 유럽 일대와 동남아 여행을 할 수 있었다. 하지만 크루즈를 타고 80일간 세계 일주는 아직 못 해보았기에 꼭 해보고 싶다.

다섯 번째는 '문맹국에 초등학교와 도서관 짓기'다. TV에서 문맹국에 관한 프로그램을 방영하는 것을 본 적이 있다. 비위생적인 환경에서 맨발에 흙탕물을 길어 먹고 사는 많은 어린 아동들이 기아로 죽어가고 있었다. 파리조차 쫓아낼 힘이 없어 왕방울만 한 눈만 굴리며 힘없이 축 늘어져 있는 그들을 보고 같이 촬영했던 연예인들도 눈시울을 적시던 그 모습이 아직도 생생하다. 그들도 글을 읽을 줄 알아야

당신은 어떻게 나이 들고 싶은가

독서를 통해 꿈을 가질 수 있을 것 같아서 그 나라에 초등학교와 도서관을 꼭 지어주고 싶다. 나는 여고 시절에 꾸었던 꿈이 비록 같은 형태로는 나타나지 않았지만, 비슷하게라도 훗날에 나타나서 꿈을 한번 이루어본 경험이 있기에 '꿈을 꾸면, 반드시 이루어진다'라는 것을 많은 사람들에게 다시 한번 말해주고 싶다.

이처럼 버킷리스트는 각자가 처한 상황, 간직하고 있는 꿈, 도전하고 싶은 욕망에 따라 일상의 사소한 일이 될 수도 있고, 많은 시간이 걸리는 큰일이 될 수도 있다. 그린 의미에서 버킷리스트는 행복으로 가는 꿈의 목록이자, 꿈을 나누고 실천하면서 절망적인 상황에서도 희망을 싹트게 할 수 있는 도구다. 그리고 꿈을 달성하기 위해 스스로 실천하겠다는 자신과의 약속 목록이기도 하다. 꿈을 달성하기 위해 실천하겠다고 다짐한 약속은 이제까지와는 다른 방법으로 도전할 때, 비로소 현실로 구현된다. 버킷리스트를 달성하는 순간 느끼는 즐거움은 이루 말하기 어려울 정도로 감동적인 체험이다. 버킷리스트는 감동적인 기쁨을 제공해주는 일종의 감동 하우스이기도 하며, 나아가 자신이 작성한 내용을 실천하면서 깨닫는 소중한 배움을 던져주는 교훈 목록 길라잡이집이 되기도 한다. 그리고 버킷리스트는 하고 싶은 일을 추가하는 '더하기 리스트'인 동시에, 이미 달성한 목록을 지우는 '빼기 리스트'이기도 하다.

버킷리스트는 꼭 이루고 싶은 자신과의 약속이다.

자신의 버킷리스트 목록을 하나둘 적어나가는 과정을 통해 버킷리스트의 진정한 의미와 작성의 중요성, 그리고 이로 인한 내 삶의 행복을 찾을 수 있게 된다. 버킷리스트를 적다 보면, 진정으로 내가 필요로 하는 것이 무엇이며 이루고 싶은 것은 무엇인지 또 죽기 전에 꼭 해보고 싶을 만큼 절실한 것은 무엇인지를 깊게 고민하게 된다.

리스트를 작성하면서 썼던 것을 지우고 또 필요한 것을 다시 적어보며, 그 과정에서 내 삶을 되돌아보게 하는 좋은 계기를 가질 수 있다. 자신이 정말 가고자 하는 삶의 올바른 방향을 찾을 수도 있다.

존 고다드는 "꿈은 머리로 생각하는 게 아니라 가슴으로 느끼고 손으로 적고 발로 실천하는 것이다"라고 말했다. 그의 말처럼 가슴으로 느끼는 것을 어떻게 실행에 옮기느냐가 인생에서 가장 중요한 포인트다.

버킷리스트를 적다 보면 단순히 생각만 하게 되거나 무조건적으로 행동하게 되는 것이 아닌, 조금 더 깊이 있게 생각하고 구체적으로 실천하는 삶을 살게끔 해준다. 그렇기에 버킷리스트는 평소 친구나 지인들과의 약속을 했다가 일이 생겨서 중간에 취소하거나 다음으로 미룰 수 있는 그런 것으로 생각해서는 안 된다. 만약 자신과의 약속을 쉽게 생각해버린다면 버킷리스트를 적는 의미가 없게 되며, 동기부여가 되지 못하는 삶을 살아갈 수밖에 없을 것이기 때문이다.

버킷리스트의 장점은 많다. 버킷리스트는 작성하고 수정하면서 자신이 선호하고 좋아하는 것을 발견할 수 있기 때문에 자신이 누구인지를 정확히 알아가는 데 도움을 준다. 삶의 방향성과 구체성을 주기 때문에 살아가는 데 방향과 미래를 설정하기 쉽다.

막연한 꿈이 아닌, 구체적인 꿈에 도전하고 이루면서 이에 대한 삶의 만족도가 크게 높아진다. 버킷리스트를 만드는 방법은 정해져 있지 않다. 그저 리스트에 작성된 내용을 실천하겠다는 굳은 의지 하나만 있으면 된다. 어떻게, 어떤 기준으로 만들어야 하는지 몰라 실행에 옮기지 못한 이들이 많다. 당장 실행할 수 있는 것과 장기적으로 계획을 세워야 하는 내용을 구분하면 실천하기 수월해진다.

예를 들어, '몇 정거장 거리는 걸어다니기', '조깅 30분하기' 등 아주 소소한 것부터 적으면 된다. 이것도 지금 하지 못한다면 1년 뒤에도, 5년 뒤에도 할 수 없게 된다.

작심삼일 버킷리스트가 되지 않으려면 버킷리스트는 작성하고 난 뒤, 잘 보이는 곳에 두는 것이 좋다. 한번 적고 잊는 것이 아니라 지속해서 수정해 실천할 수 있도록 유도해야 한다. 이미 이룬 것이나 계획이 수정된 것을 지우지 않는 것도 버킷리스트를 잘 유지하는 팁 중 하나다. 스스로 생각의 변화를 확인할 수 있고 성취감도 느낄 수 있어서다. 새로운 내용이 있다면 계속 추가해보자. 이뤄낸 리스트가 쌓일수록 새로운 도전 항목이 늘어나기 마련이다. 목표 달성 후, 스스로에게 상을 주는 것도 버킷리스트를 장기적으로 관리하는 요령이다.

버킷리스트가 없으면 평소 막연하게 하고 싶다 느꼈던 것이 달성돼도 그냥 덤덤하게 지나가기 쉽다. 주말에 몸과 마음이 풀어져서

'뭐해야 하지?'만 생각하다가 그냥 끝나게 된다. 그러나 평소 버킷리스트를 몇 개라도 작성한 사람이면, 조금이나마 삶의 목표와 용기를 얻게 되어 평소와 다른 선택에 힘을 더해주는 좋은 효과를 가져올 수 있다.

무엇보다 중요한 것은 버킷리스트의 주인은 늘 자신이므로 언제든지 버킷리스트는 바뀔 수 있다고 생각하자. 그렇게 생각하다 보면 마음이 편해진다.

당신은 어떻게 나이 들고 싶은가

하루 1시간
운동하는 습관을 가지자

운동이 가져다주는 묘미는 정말 대단하다. 생활 습관만 바꿨을 뿐인데 건강해지고 비만으로부터 탈출하는 것을 보면 말이다. 건강은 생활 습관의 척도라고 하는데, 그것을 알면서도 잘 지켜지지 않는 이유는 무엇일까? 나쁜 습관이 병을 부르고, 좋은 습관은 병을 고친다는 것을 잘 알고 있는데도 말이다.

자주 발생하는 질병들은 올바른 습관만 가져도 쉽게 다스릴 수 있다. 올바른 습관을 갖는다는 것은 자신의 의지가 얼마만큼 강하고 잘 뒷받침해주는가에 따라 건강한 삶을 살아갈지 아닐지에 대한 중요한 판단 기준이 된다. 하루 1시간이라도 운동하는 습관만 가지고 있다면 건강한 삶을 영위할 수 있는 것은 두말할 필요가 없다.

건강한 사람은 수많은 꿈을 꿀 수 있지만, 건강하지 못한 사람의 꿈은 오직 한 가지, 건강밖에 없다. 우리는 아프고 나서야 뒤늦게 자신의 몸을 소중하게 생각한다. 그러나 어쩌면 너무 늦게 생각해서 다시는 건강한 삶을 살 수 없을지도 모른다. 뒤늦게 땅을 치고 후회하지 말고 지금이라도 운동하려고 노력하자. 운동은 선택이 아닌 필수이며, 더 이상 망설일 이유가 없다.

1년에 한 번씩 받게 되는 직장인 건강검진 시기만 되면 나는 항상 긴장된다. 나는 약간의 비만과 고지혈증이 있어 검사 결과가 혹시나 안 좋게 나올까 봐 노심초사하게 되는 건 어쩔 수가 없다. 병원에서는 이제 고지혈증약을 먹지 않아도 된다고 하지만, 나이가 있어서 걱정되는 것은 사실이다. 건강 염려증은 아니지만, 혹시나 하는 마음에 약을 끊지는 못하고 예방 차원에서 저용량으로 처방받아 먹고 있다. 그리고 건강을 생각해서 요즘 운동에 열중하고 있다. 아파트 단지 내 주민들을 위한 피트니스에 가서 여러 운동기구를 이용하며 1시간에서 길게는 1시간 30분가량 꾸준히 운동한다.

처음 운동을 시작하면서 효과를 보게 되었을 때가 대략 2주가 지나가는 시점이었다. 운동 전후를 비교해보면 확연히 몸 상태가 달라진 것을 알 수 있었다. 우선 몸이 가벼워졌고, 피곤함도 덜 하며 얇게 내쉬던 호흡도 길어지는 등 알게 모르게 조금씩 몸이 달라져가는 것을 느낄 수 있었다.

게다가 운동하면서 마음 맞는 사람들과의 교류도 **빼놓을** 수 없는

당신은 어떻게 나이 들고 싶은가

재미였다. 한 번씩 운동하다 수다도 떨면서 서로 다이어트 실패담들도 듣고 배꼽 빠지게 웃으며 시간을 보내기도 했다. 운동 후 친해진 사람들과 종종 밖에 나가 점심도 먹고 커피도 마시고 하다 보니 체중이 다시 불어 각성하기도 하지만, 이웃과 함께 운동하는 재미는 살아가는 데 소소한 기쁨이 된다.

이렇듯 운동은 내 삶에 자연스러운 일상이 되어버렸고, 꾸준히 하루 1시간이라도 운동하려는 습관을 지니다 보니 어느덧 운동 마니아가 되어버렸다.

체력을 키울 수 있는 약은 오직 운동이다. 워드프레드의 창시자 매트 뮬렌웨그는 하루에 딱 1회만 팔굽혀펴기를 한다. 그는 "목표와 계획을 세울 때 가장 중요한 것은 변명의 여지를 없애는 것"이라며 "아무리 삶이 힘들고 바쁘더라도 하루에 팔굽혀펴기 1회를 못할 만큼 힘든 상황이 오는 것은 불가능하다"라고 말했다. 누구라도 마음을 고쳐 먹고 계획을 세워 작은 습관 하나라도 꾸준히 실천해나가다 보면 운동뿐만이 아니라 원하는 목표를 이루어 무엇이든 성공할 수 있게 된다.

운동이라고 해서 꼭 돈을 주고 배우러 다닌다든지 특정한 장소나 기구가 있어야 한다는 법은 없다. 일상 생활을 하면서 효과를 톡톡히 볼 수 있는 운동들이 있다. 출퇴근할 때 지하철역 계단 이용하기, 일터에 나가서도 시간적 여유가 생기면 비상계단 한 번씩 오르내리기, 한 정거장 전에 내리기 등 이것들은 돈을 들이지 않고도 건강을 유지할 수 있는 좋은 방법이다. 다음은 배에 힘을 주고 걷는 경보다. 배에 힘을 주고 빠르게만 걸어도 생각보다 쉽게 살이 빠지는 효과를 볼 수 있다. 이외에도 시에서 운영하는 공용 자전거 이용하기도 있는데, 이것을 이용해 출퇴근 시간도 운동으로 보낼 수 있다. 그다음은 가벼운 스트레칭이다. 스트레칭을 했을 때와 안 했을 때 몸이 반응하는 속도가 확연히 다름을 느낄 수 있다. 아침에 가벼운 스트레칭 정도만 해주어도 상쾌한 하루를 열 수 있을 것이다.

얼마 전, 나는 친척 한 분이 일하다 갑자기 쓰러져 뇌졸중 진단을 받고 오른쪽 편마비가 온 상태로 병원에 입원해 있다는 소식을 듣게 되었다. 평상시 운동을 전혀 하지 않아 가족들이 강제로 운동을 시켜보려고 해도 요지부동이었다며, 본인 입으로 자신은 마른 체격이라서 운동을 하지 않아도 괜찮다고 말했다고 한다. 꾸준히 운동해온 동갑의 아내는 남편한테 운동장 한 바퀴만 돌아도 좋으니 같이 운동 가자고 그렇게 졸랐는데 결국 말을 안 듣더니 이 사달이 났다며 남편을 원망하고 있었다. 그런데 운동을 싫어하는 것은 재활병원에 입원해서도 마찬가지였다. 급성기 치료를 마치고 현재는 재활요양병원에 입원해 있는데, 매일 재활치료 시간만 되면 전쟁 같은 씨름을 한다고 한다.

회사 업무와 야근에 시달리는 직장인들은 운동하고 싶어도 잘 못한다. 일이 불규칙한 프리랜서, 온종일 사업장에만 모든 신경을 쏟아부어야 하는 자영업자들, 스펙 쌓는 데 지친 취준생들, 육아에 지친 부모들. 열심히 살아왔지만, 뭘 하며 살았는지, 무엇을 이뤘는지 후회하고 허탈해하는 사람들이 있을 것이다. 남은 것은 오직 스트레스와 망가진 몸밖에 없다.

'건강한 정신에서 건강한 육체가 나온다'는 말은 익히 들어 알고 있을 것이다. 누구에게나 시간은 공평하게 주어진다. 오늘 하루, 당신은 누구를 위해 무엇을 하며 살았는가를 되돌아보아야 한다. 건강을 잃으면 전부를 잃는 것이다. 지금은 나를 찾을 때다. 삶의 변화를 주고 삶의 기적을 만들어내는 데 필요한 시간은 하루 1시간이면 충분하다. 나를 위해 하루 1시간 운동하는 습관을 들인다면, 건강한 삶을 유지하면서 즐겁게 살 수 있게 될 것이다.

그 어떤 운동보다 효과적인 운동은 걷기다. 많은 사람들이 건강을 유지하기 위해 걷기 운동을 하고 있다. 하루 1시간 걷는 것만으로도 충분한 운동이 되며 무리하지 않고 즐겁게 운동할 수 있다. 규칙적으로 걷는 운동을 하게 되면 심장의 기능을 개선시켜 심장마비를 37%나 예방할 수 있다. 그리고 걷기는 지방을 연소하는 효과가 뛰어나 혈액순환을 원활하게 해주어 심장병을 예방하는 데 도움이 될 뿐만 아니라 골다공증, 당뇨병, 비만, 고혈압을 개선시켜준다. 이처럼 걷기는 세대 불문 가장 심플하게 할 수 있는 운동이며, 나이가 든 사람일수록 무조건 걸어야 오래 산다. 걷기도 이제 선택이 아닌 필수다.

걷기 운동을 효과적으로 하려면 바른 자세를 유지하고, 자신의 몸 상태에 맞춰 무리하지 않게 걷는 것이 중요하다. 자신의 몸 상태를 무시하고, 마음만 앞서 무리하게 운동하는 것은 건강에 해가 될 수밖에 없다. 운동을 전혀 안 하던 사람이 갑자기 운동하면 다음 날 무리가 와서 그 뒤로는 운동하기가 더 싫어지듯이, 단기간 운동으로 효과를 보려고 욕심내다 보면 무리가 되어 운동을 지속할 수 없게 된다. 처음에는 일주일에 5일, 하루 30분씩 꾸준히 운동하려고 노력해보도록 하자. 그것만으로도 충분하다. 그리고 이후 몸 상태를 보고 차츰 늘려나가면 된다. 절대 무리는 금물이다.

우리는 어떻게 하면 건강을 유지하면서 행복한 삶을 살 수 있을지 진지하게 생각해보아야 한다. 24시간 중 딱 1시간만은 오로지 나를 위해 이기적으로 쓰겠다고 결심해보자. 귀한 이 1시간을 보통은 공부, 운동, 취미, 크고 작은 목표 달성 등 각종 자기계발에 쓰게 될 것이다. 어떤 것에 써도 상관은 없다. 하지만 나는 건강이 있어야 하고 싶은 것을 할 수 있다고 생각한다. 최우선순위가 건강이기에 운동하는 데 1시간을 쓸 것이다. 이 1시간을 자기만 생각하며 꾸준히 운동을 실천해나가다 보면 어느새 더 많은 것을 이룰 수 있게 되는 자기 자신을 발견할 수 있을 것이다. 이러한 좋은 습관이 몸에 배면 다른 좋은 습관들도 저절로 들게 되며, 이는 자기 자신을 한층 더 업그레이드하게 해준다. 이것이 바로 습관의 힘이다.

당신은 어떻게 나이 들고 싶은가

다 큰 자식은
가급적 빨리 독립시켜라

밀레니엄 세대는 21~37세까지의 젊은 층을 일컫는 용어다. 독립을 준비하거나 막 독립해 가정을 꾸린 젊은이들로, 생산 가능한 인구의 주축을 이루고 있다. 밀레니엄 세대는 강한 개인주의적 성향을 가지고 있고, 기존 X세대(1970년대 생)나 베이비부머들과 확연히 구분된다. 이 세대들의 두드러진 점은 부모에 대한 경제적 의존도가 높다는 점이다. 그래서 이 세대의 부모들은 다 큰 자식을 뒷바라지하느라 엄청난 스트레스를 받고 있다.

객지에서 회사에 다니던 36세 K씨는 회사가 부도나면서 본가로 들어와 60대 중반의 부모와 함께 살고 있다. 본가 가까운 중소기업에 취직해 다니다가 자신의 적성에 맞지 않는다며 다른 일을 구상하고 있다. 부모의 눈치가 보였는지 처음엔 여기저기 조그마한 회사에 다

넀지만, 여전히 적응을 못 했고, 현재는 자기 사업을 해보고 싶어 한다. 그의 부모님은 사업은 아무나 하는 것이 아니라는 걸 잘 알기에 걱정이 태산이다. 아들은 사업자금 마련도 당연하다는 듯 부모에게 의지하고 있으며, 부모님은 머지않아 결혼도 시켜야 하고 미래에 여러 큰일이 생길 수도 있는데 아들을 믿고 사업자금을 빌려주어도 되는 건지 고민이다.

이미 집으로 돌아온 아들을 독립하라고 다시 내보낼 수도 없다 했다. 또한 만약 아들에게 사업 자금을 빌려주어 잘못되기라도 한다면 그나마 가진 재산 다 날리고 자기들의 노후도 앞을 내다보지 못할 정도로 힘들어질까 봐 걱정이 이만저만이 아니라 했다. 주변에서는 절대 도와주면 안 된다고 조언하지만, 막상 부모 입장에서는 쉽게 자식 일을 나 몰라라 할 수도 없다면서 현재까지도 결정을 못 내리고 이러지도 저러지도 못하고 있다.

부모에 대한 높은 경제적 의존도는 밀레니엄 세대 일부의 문제가 아니다. 컨트리 파이낸셜(Country Financial)이 2018년 밀레니엄 세대를 대상으로 조사한 결과, 50% 이상이 부모로부터 재정적인 도움을 받고 있었다고 했다. 하지만 경제적으로 자립하지 못하는 문제가 전적으로 밀레니엄 세대의 탓만은 아니다. 밀레니엄 세대는 부모 세대만큼이나 경제적 혜택을 누리지 못하고 있기 때문이다.

〈뉴욕타임스〉에 따르면, 1940년 평균 소득 수준의 가정에서 출생한 사람이 부모보다 더 많은 소득을 올릴 확률은 90%에 달했다. 하지만 이 확률이 1980년에 태어난 밀레니엄 세대에 와서는 50%로 떨어졌다. 이는 이전 세대는 경제 성장기를 구가했지만, 밀레니엄 세대는 디플레이션 우려까지 제기되는 저성장 시대를 살고 있기 때문이다.

경제적으로 독립하지 못하는 자식들 때문에 부모 세대는 현재 노후까지 위협받고 있다. 뱅크레이트(Bankrate)의 조사 결과에서도 미국 부모 50%가 자녀를 경제적으로 도와주느라 노후 자금을 제대로 모을 수 없다고 했다.

지인 P씨는 독립하지 않고 있는 38세 아들, 36세 된 딸과 함께 살고 있다. 재산은 남들보다 조금 넉넉한 편이라 아이들 뒷바라지도 열심히 해주었던 덕분에 둘 다 좋은 대학을 졸업할 수 있었다. 그러나 아들과 딸 모두 대기업 입사시험에서 계속 낙방했다. 이후 아들은 중소기업에 3년간 다니다가 회사를 나온 후 자기 사업을 시작했다. 다행히 손해는 보지 않았지만, 그렇다고 많은 이익을 남긴 것도 아니었다. 아들이 경제적으로 여유가 많지는 않았기에 자동차를 새로 살 때도 부모가 절반은 도와주었을 정도였다.

딸도 대학 졸업 후 입사시험 낙방과 동시에 공부를 더 해야겠다며 유학을 보내달라고 했다. 지인은 공부를 더 하겠다는 딸을 말릴 수가 없어 유학을 보내주었다. 하지만 유학을 다녀온 후, 현재는 영어유치원 교사로 근무하고 있지만, 받는 월급보다 쓰는 돈이 더 많다고 한숨이 끊이지 않고 있다.

저축은커녕 집에서 돈이라도 안 가져가면 다행이라 말할 정도다. 딸은 남자 친구는 있지만, 비혼주의자로 결혼은 하지 않겠다고 한다. 아들 역시 아직 미혼이다. 아들 말이 요즘 같은 시대에 혼자 벌어서 먹고살기도 힘든데 결혼해서 가장이 되면, 아내와 자식을 죽을 때까지 책임져야 하는 것이 싫어 결혼 안 하고 혼자 즐기면서 살겠다고 말했다 한다.

부모 세대와는 확연히 다른 결혼 가치관에 아들의 얘기를 듣고도 아무 말도 못 했다 했다. 요즘 P씨 부부는 친구들 모임에도 나가기가 싫다고 했다. 친구들 자녀들은 모두 결혼해 가정을 이루고 손자, 손녀들의 재롱을 보는 재미로 사는데, 자기는 장성한 두 자녀를 데리고 그냥 사는 것이 아니라 모시고 산다며 자신의 처지를 비관했다. 처음에는 자식들이 하는 행동 등 모든 것이 꼴 보기 싫어 원룸을 얻어 독립을 시켜주었다. 한 번씩 반찬을 해서 찾아가 보면 밥을 해 먹은 흔적은 없고 인스턴트식품 봉지만 쓰레기통에 한가득이었다고 했다. 게다가 자식들에게 자주 오지 말라고 해도 주말이면 어김없이 집으로 와서 며칠씩이나 있다가 가기도 했다. 나중엔 서로가 왔다 갔다 하는 것이 더 힘들어서 다시 자식들과 함께 살게 됐다고 한다. 요즈음에는 죽을 때까지 자식 뒷바라지만 하다가 가는 게 아닌가 하는 마음에 통잠을 못 잔다고 하소연했다.

요즘 자식들 때문에 부모들까지 경제적으로 몰락해 가난으로 가게 되는 결과를 초래하는 경우가 많다. 미국 샌프란시스코의 심리치료사 테스 브리검은 이런 불행한 사태를 피하고자 부모들에게 이렇게 조언했다.

'자식이 편한 것만 바라지 말라', '집안일을 시키지도 않고 온실 속의 화초처럼 귀하게만 키운다', '과보호는 자식을 점점 더 부모에게 의존하도록 만든다', '자녀가 스스로 먹고살 기반을 마련하도록 고생하는 것도 지켜볼 수 있는 강인한 사랑을 해야 한다'라고 말이다.

예컨대, 자녀가 성인이 되고도 부모와 함께 살고 있다면 생활비 명목으로 얼마라도 돈을 내도록 해야 한다. 자녀 위주로 선택하지 말고 당신 자신을 위한 선택을 해야 한다. 한국 부모들은 자식 사랑이 유별나다. 다 큰 자식을 돌보느라 부부의 생활을 희생하는 것은 바람직하지 않다. 다 큰 자식을 계속 품에 감싸고도는 것이 단기적으론 사랑으로 생각되지만, 장기적으론 자식을 망치는 독이 된다. 자녀가 원하는 대로 부모가 계속 답을 주면, 자녀는 영원히 정신적으로 자립하지 못한다. 자녀가 "어떻게 하죠?"라고 묻는다면 답을 주지 말고 "넌 어떻게 했으면 좋겠는데?"라고 물어보라. 이렇게 질문을 던지면 자녀가 스스로 대답을 생각하면서 해법을 찾게 된다.

자식이 실패하는 것을 마음 편히 볼 수 있는 부모는 없다. 자식이 실패하는 꼴을 못 보고 부모가 개입해 도와주면 자녀는 실패에서 스스로 배울 기회를 빼앗기게 된다. 자녀의 실패를 용납할 수 있는 마음을 가져보도록 하자.

자녀가 사회에 성공적으로 정착하지 못하고 방황하면, 많은 부모가 자신이 뒷바라지를 못 해 그런 것은 아닌지 자책한다. 부모가 다 큰 자식에게 정을 끊지 못하고, 일일이 하나하나 다 챙겨주는 행동은 오히려 문제를 야기시킨다. 해주지 못해서 생긴 게 아니라 너무 많이 해줘서 생긴 것이라 해야 맞겠다.

자식과도 한계선을 정해야 한다. 규칙에 대해서는 타협하면 안 된다. 정해진 기준은 지켜야 한다. 지금 한계선을 정하는 일이 늦은 감이 있긴 하지만, 이제라도 그 작업을 해야 이후에 마음고생 안 하게 된다.

사랑을 주더라도 원칙이 있어야 한다. 부모의 원리 원칙은 건물의 기초와도 같다. 자식을 다 키워놓고도 자식이 걱정되어 붙들고 있으면서 그들이 원하는 것을 다 들어주면, 자식들은 절대 부모 품을 떠나서 독립하지 않으려고 할 수도 있다. 그들이 안타깝다고 생각되어 다 받아주고 해결해주면 자식들은 스스로 자립하지 못한다는 것을 명심해야 한다.

동물은 자기 새끼를 어느 정도 키워놨으면 스스로 살아나가도록 내보내는데, 우리 인간만 꼭 붙들고 있다. 부모의 눈에 자식은 아무리 나이가 들어도 어린아이 같아서 그런 것일까? 사십이 넘은 아들의 출근길에 "차 조심하라"는 말을 건네는 것이 부모다.

하지만 자식들을 하루라도 빨리 독립을 시키는 것이 노후를 즐겁고 행복하게 보낼 수 있는 지름길이다. 자식들 일은 그들이 부모에게 조언을 구할 때, 방향성만 제시해주고 끝내야 한다. 그 이상을 개입하거나 간섭하면 그들은 창조성을 발휘하지 못한다.

모든 것을 스스로 개척해나갈 수 있도록 한 발짝 물러나서 지켜보거나 모른 척하는 것도 지혜다.

시작하기에
너무 늦은 나이는 없다

"가슴이 뛰고 있는 한 나이는 없다." 이 말을 들을 때마다 내 가슴도 함께 뛴다.

시대 흐름에 따라 많은 사람이 자기 일을 갖고 싶어 한다. 일을 통해 보람과 성취감을 느껴보고 싶기에 여기저기 할 만한 일들을 찾아 헤매기도 한다. 하지만 몇몇 용기 없는 사람들은 경력 단절로 자신이 무슨 일을 하겠는가 생각하며 금세 포기하고 만다. 겨우 일을 찾아서 한다고 해도 간단한 아르바이트 정도만 하는 실정이다. 그런 사람들에게 용기를 건네고 도움을 주기 위해 각처에서 경력 단절 여성을 위한 프로그램도 많이 운영하고 있다.

직장 생활은 해보지도 못하고 주부 경력이 전부인 여성에게 묻고 싶다. 평생을 전업주부로 살고 싶은가? 아니면 당당하게 전문가로 성

당신은 어떻게 나이 들고 싶은가

취감을 느끼며 살고 싶은가? 집에만 있기에는 너무 아까운 당신, 재능을 썩히지 말자. 집안일에만 몰두해 당신에게 남는 것이 무엇인지 돌아보라. 그리고 자신을 위한 삶을 살아야 행복하다고 일깨워주고 싶다. 지금 시작하면 너무 늦지 않았나 생각하며 나이 때문에 망설이지 않았으면 한다. 미국의 야구선수 요기 베라는 "끝나기 전까지는 끝난 게 아니다"라고 했다. 지금이라도 준비를 시작하면 전문가로서 자신의 삶을 충분히 살아갈 수 있을 것이다.

작가이자 번역가인 김욱 작가는 아흔을 바라보는 나이시만, 아직도 현역으로 활동하고 있다. 그는 소설가를 꿈꾸던 청년 시절, 6·25전쟁으로 북한 의용군에 강제로 끌려갔지만, 탈출 후 생업을 위해 기자 생활을 했다. 평생 모은 재산은 보증으로 날려버리고 노숙자나 다름없는 신세가 되어 결국 남의 집 묘지를 돌보는 묘막 살이를 해야 했다. 그때가 이미 그의 나이 일흔이었다. 하지만 김욱 작가는 '글을 쓸 수 있다'라는 확신으로 출판사의 문을 두드렸다.

그는 작가 사후 50년이 지나 저작권이 소멸했지만, 아직 국내에 출판되지 않은 주옥같은 작품들의 번역에 매달렸다. 그러는 동안 자신의 이름으로 책을 낼 정도로 유명한 번역 작가가 되었으며, 고령이지만 누구보다 열심히 현역으로 살면서 200권이 넘는 책을 번역했다. 아흔의 나이로 현역이라는 것도 놀랍지만, 일흔에 무일푼이 되었는데도 좌절하거나 포기하지 않고 도전한 정신에 감동할 뿐이다. 절망적인 상황이라도 자신의 내면을 살피고 더 이상 무너지지 않을 것이라는 강인한 정신력과 다시 일어설 수 있는 용기만 있다면 그 어떤 좌절도 극복할 수 있다.

'좋아하는 일을 시작하기에 가장 좋을 때는 언제일까? 가장 완벽하고 적절한 시기는 지금이다'라고 말한다. 전문가가 되고 싶다면 지금 바로 도전을 시작하자. 유명 사업가 중 뒤늦게 창업한 인물들이 있다. 전업주부였다가 40세에 제과회사 페퍼리지 팜을 세운 마거릿 러드킨부터 50대에 맥도날드를 창업한 레이 크록, 60세를 넘겨 KFC를 세운 커널 샌더스까지…. '한물갔다'고 할 나이에 다른 길에서 성공한 이들이 많으므로 결코 좌절하기엔 이를뿐더러 취업이든 사업이든 시작하기에 너무 늦은 나이는 없다.

오히려 풍부한 경험과 남다른 고객서비스 등으로 모든 일을 더 잘해낼 수 있다고 했다. 나 역시도 40대 후반에 놓았던 간호사 일을 다시 시작했다. 경력 단절의 벽을 넘어 용기 내어 다시 일을 시작해 지금까지 근무하고 있다.

64세에 사회복지학과에 입학해서 공부하는 여성분도 있었다. 사회복지사 자격증을 따서 남은 인생은 사회에 도움을 주면서 살고 더불어 같이 잘 살고 싶다는 꿈을 안고 늦은 나이에 공부를 시작한 분이었다. 이이외에도 많은 분들이 늦은 나이지만 자신의 꿈을 향해 나아가고 있다.

그러나 나이와 상관없이 다시 도전을 해보라고 말하는데도 불구하

당신은 어떻게 나이 들고 싶은가

고 또 우물쭈물하다가 시간이 한참 지나 뒤늦게 후회하게 되는 사람들도 분명 한두 명은 있을 것이다. 자기 스스로 나이가 많아 무언가를 시작하기에는 너무 늦었다며 그냥 잘 놀고 지내다가 죽음이나 맞이하자며 생각했었던 것이 얼마나 잘못된 생각이었는지를 뒤늦게 깨닫지 말았으면 한다.

어떤 분은 죽기 전에 이렇게 말했다고 한다. "그때 나무라도 심었으면 그 나무가 얼마나 자랐겠습니까?"라고 말이다.

시작하기에 너무 늦은 나이는 없다. 예순을 훌쩍 넘은 할머니가 산을 오르기 시작했다. '지금도 늦지 않은 나이'라고 생각했기 때문이다. 66살에 그녀는 북미대륙에서 가장 높은 산인 휘트니산(4,797m)에 올랐다. 91살이 되었을 때는 일본의 후지산(4,955m) 정상을 올랐으며 81~90세 사이에 97개 봉우리를 올랐었다. 캘리포니아주는 1991년 휘트니산 봉우리 하나를 그녀의 이름을 따서 '크룩스 봉'이라고 이름 붙였다.

그녀는 자서전 《인생의 산을 정복하다》에서 "사용하지 않는 근육은 쇠퇴한다", "아무리 젊더라도 스스로 시작하기엔 너무 늦은 나이라고 생각하면 시작할 수 없다. 할 수 있는 방법을 찾지 않기 때문이다", "그러나 아무리 나이가 많아도 지금도 늦지 않았다라고 믿는다면 무엇이든 할 수 있다. 어떻게든 할 수 있는 방법을 찾기 때문이다"라고 말했다.

95세에 어학 공부를 시작했던 어떤 노인의 이야기다. 이분은 95세

되기 몇 년 전에 무언가를 시작하기엔 늦은 나이라 생각해서 처음부터 아무것도 시작하지 않았던 일을 후회했단다. 10년 후인 105세 생일날, 95세 때 아무것도 시작하지 않았던 것을 또 후회하지 않기 위해서라도 95세 나이에 어학 공부를 시작하게 된 것이라고 말했다. 그뿐만 아니라 예전에 90대의 일본 노(老)의사가 중국어를 배우는 모습이 TV에 방영된 적이 있었다. 그는 새롭게 배운 중국어로 중국 현지에 가서 봉사 활동을 하고 강연도 했다. 멋진 모습이 아닐 수 없었다. 나이 많다고 대부분 하고 싶은 것을 포기하지만, 무언가를 시작하기에 너무 늦은 나이는 정말 없다.

영국의 인기 오디션 프로그램인 〈브리튼즈 갓 탤런트〉에서 47세의 촌스럽고 뚱뚱한 수잔 보일이 무대에 등장했을 때, 심사위원들의 시큰둥한 표정과 관중들이 비웃는 장면이 카메라에 포착됐다. 하지만 그녀는 곧 뮤지컬 〈레미제라블〉의 삽입곡인 〈I Dreamed A Dream〉을 열창해 일약 스타덤에 오르게 됐고, 평생의 꿈을 이룬 후에도 왕성한 활동을 하게 됐다.

29세에 단돈 6달러만 가지고 폴란드에서 미국으로 건너가 40대 초반에 상당한 부를 축적하고, 70세 후반에 은퇴한 해리 리버먼은 뉴욕의 한 노인 클럽에서 체스를 낙으로 삼아 시간을 보내고 있었다. 81세가 되던 해에 매일 체스 상대가 되어줬던 친구가 몸이 불편해 나오지 못하게 되자 홀로 무료한 시간을 보내던 중, 봉사 활동을 나온 한 청

당신은 어떻게 나이 들고 싶은가

년에게서 "왜 그렇게 놀고만 계십니까? 그림이라도 그려보시죠?"라는 말을 듣고 붓을 잡기 시작했다. 그렇게 그는 81세에 그림을 그리기 시작해 101세에 22번째 전시회를 열었고, 103세로 죽을 때는 '미국의 샤갈'이라고 칭송받았다. 101세에 전시회를 연 그는 계속 그림을 그리겠느냐는 기자의 질문에 다음과 같이 말했다.

"당연히 그려야죠. 저는 제 나이를 101세라고 말하고 싶지 않습니다. 다만 101년을 살아온 만큼 누구보다 성숙하다고 할 수 있겠죠. 저는 예순, 일흔, 여든 혹은 아흔 살 먹은 분들에게 말씀드리고 싶습니다. 아직 인생의 말년은 아니라고 말입니다. 몇 년이나 더 살 수 있을지 생각하지 말고 어떤 일을 더 할 수 있을지 생각하라고 말입니다."

이처럼 늦은 나이에 자신의 꿈을 이룬 사람을 '레이트 블루머(Late Bloomer)'라고 한다.

자신의 가능성을 스스로 닫지 않고 열어둔다면 누구나 언제든지 예쁜 꽃을 피울 수 있다. 무언가를 시도한다고 해서 모든 것을 다 이룰 수는 없지만, 아무것도 하지 않았을 때보다는 뭐라도 이루게 될 확률이 높아지는 건 당연하다.

그 나이에 무대에 오르는 것을 창피하게 여겼다면 오늘날의 수잔 보일은 없었을 것이고, 청년의 말에 버릇없는 놈이라며 콧방귀나 뀌었다면 80세가 넘은 신인 화가는 결코 탄생하지 않았을 것이다. 미국의 시인 존 그린리프 휘티어는 "말이나 글로 표현할 수 있는 모든 말 가운데 가장 슬픈 말은 '그렇게 될 수 있었는데…'이다"라고 말했다.

시작하지 않으면 이런 말을 남기며 인생을 마감할 수밖에 없다.

우리는 왜 늘 꿈 앞에서 나이 이야기를 할까? 어쩌면 그것을 이룰 수 없을 것 같은 걱정과 근심을 나이 뒤로 숨기는 것일지도 모르겠다. 이런 사람들은 보통 자존감이 낮은 사람인 경우가 많다. 실은 나이가 문제가 아니라 자존감이 낮아서 쉽게 도전하지 못하는 것이다. 한 번의 성취감을 맛볼 수 있다면 무너진 자존감은 다시 회복된다. 이후 실패의 경험을 갖더라도 포기하지 않고 의연히 다시 원하는 길로 걸어갈 수 있다.

이제 꿈을 나이 뒤로 숨기지 말자. 우리는 우리 뒤에 있는 것을 볼 수가 없다. 나이 핑계를 대면서 차일피일 미루기에는 나의 꿈이 너무나 아름답고 눈부시다. 인생에서 무언가를 이루어야 하는 나이가 정해져 있지 않듯이, 무언가를 이루지 못할 나이 역시 정해져 있지 않다. 우리 인생의 클라이맥스는 아직 오지 않았을지도 모른다.

당신은 어떻게 나이 들고 싶은가

3장

여한이 없는 인생을 살아라

지금 죽어도

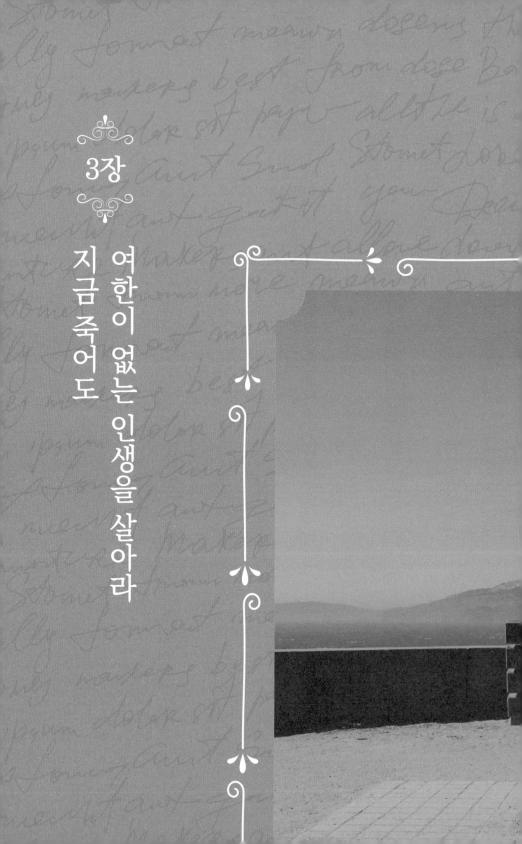

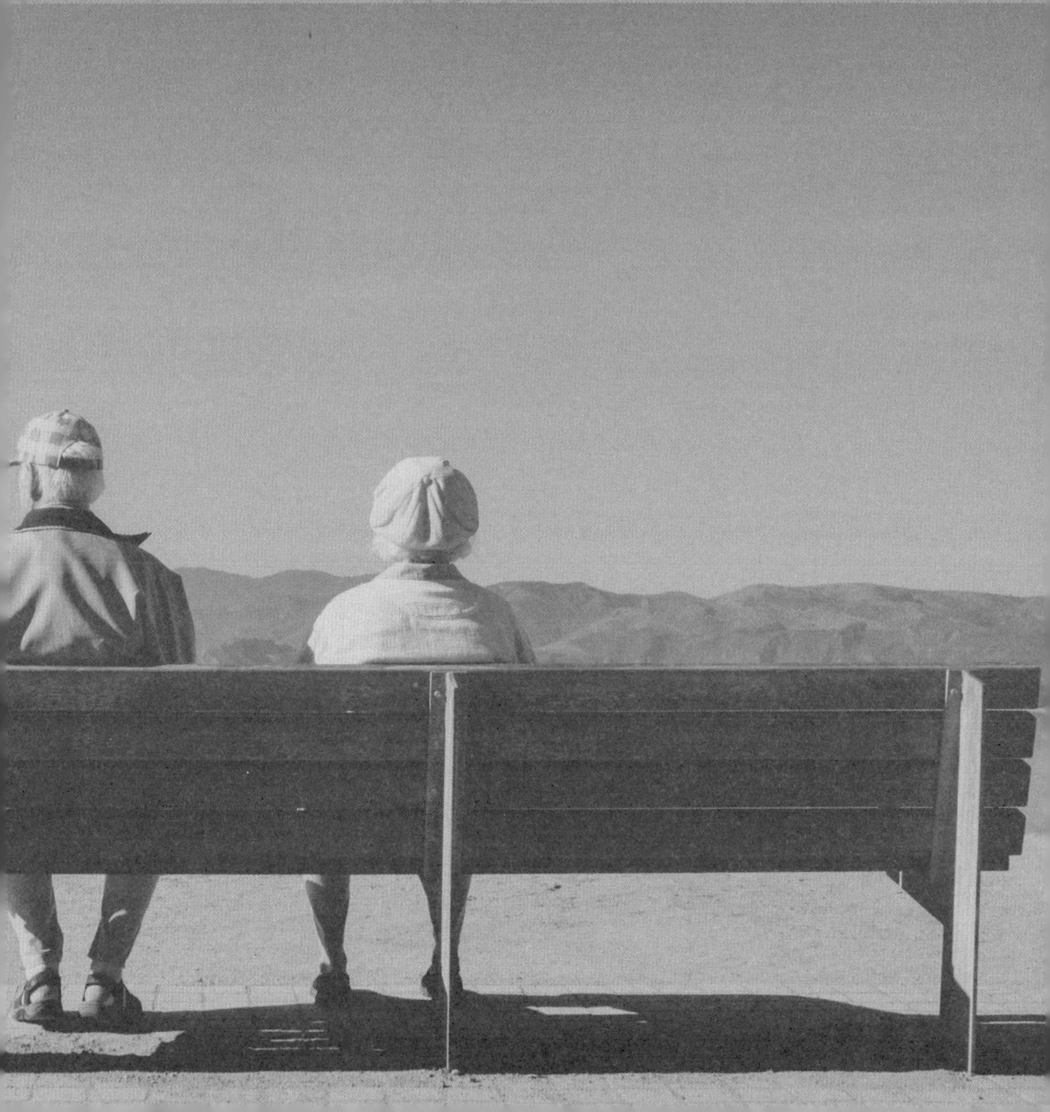

자신이 좋아하는 일에
미쳐라

요즘 나는 미치도록 좋아하는 일이 하나 생겼다. 전에 없던 일이었다. 내 가슴을 요동치게 하는 일, 바로 글쓰기다. 책 읽는 것이 취미를 넘어 이제는 글쓰기로 넘어가 이 일이 미치도록 좋아졌다. 내가 쓴 글이 나중에 누군가에게 희망이 되고 동기부여가 되면 좋겠다는 마음으로 쓰기 때문인지 일하고 와서도 피곤한 줄 모르고 그저 가슴 설레며 글을 쓰고 있다. 미치도록 좋아하는 일이 있다는 것은 분명 좋은 일이다.

다른 사람들도 나처럼 열광하며 좋아하는 일이 있는지 궁금하다. 처음부터 무슨 일이든 정말 미치도록 좋아해서 시작하는 사람들도 있겠지만, 나처럼 열광까지는 아니더라도 흥미로운 일부터 먼저 시작하다 보면, 그 일이 점점 더 좋아져서 나중에는 미칠 정도로 빠져버릴 수도 있겠다는 생각이 들었다.

자기가 좋아하는 일을 하면서 인생을 살아가는 사람이 가장 행복한 사람이다. 좋아하는 일을 할 때는 아무리 고생스러워도 비관적인 생각을 하지 않는 법이다. 지금 시대에 중요한 것은 '무엇이 되고 싶다'보다 '무엇을 하고 싶다'는 꿈이다.

자신이 좋아하는 일을 직업과 연결시키는 것이 성공 비결이라는 사실을 누구나 한 번쯤 실감했을 것이다. 주위를 둘러보면 겉보기에는 성공한 인생인 것처럼 보이지만, 내면의 갈등을 겪는 사람들이 많다. 좋아하지도 않는 일을 억지로 하는 데서 빚어지는 불행인 경우가 적지 않다. 워런 버핏은 이 사실을 누구 못지않게 깨닫고 있는 사람 중 한 명이었다. 자신이 잘할 수 있고 즐겁게 할 수 있는 일에 뛰어들면 얼마나 위대한 성과를 거둘 수 있는지를 그는 자신의 인생을 통해 사람들에게 보여주고 있다.

워런 버핏은 자신이 숫자에 재능이 있으며, 이 재능을 발휘할 수 있는 분야가 투자라는 사실을 잘 알고 있었다. 워런 버핏의 행운은 이런 재능을 북돋아주는 환경에서 자랐다는 사실이다. 그는 1947년부터 1951년까지 펜실베이니아 대학에서 수학, 통계학을 전공했고, 3학년 때 고향 오마하의 네브래스카 대학의 링컨 경영대에 편입해 1950년 졸업과 함께 학위를 받았다. 대학에서 투자의 기본이 되는 숫자에 관련된 과목과 경영학을 섭렵한 것이다. 또 아버지 하워드 버핏이 증권인이었기 때문에 유년 시절부터 주식과 가까워질 수 있었던 것도 한몫했다. 8세에 아버지 서가에 있던 증권 서적을 탐독했고, 11세에 주식 투자를 했다. 그는 대학에 진학하기 전에 오마하의 도서관에 있는 경제·경영·증권 서적을 모두 섭렵했다고 말했다. 그의 삶의 궤적을 추적해보면, 그 외에도 많은 행운이 이어졌음을 알 수 있었다. 그는 당대 최고의 가치 투자자인 벤저민 그레이엄으로부터 가치 투자의 원리를 직접 전수받았고, 이후 세계 최고 투자의 귀재라 불리며 최고의 부자가 될 수 있었다.

그는 사람들에게 이렇게 말한다. "나는 탭댄스를 추듯이 일터에 나가 열심히 일하다가, 가끔씩 의자에 등을 기댄 채 천장을 바라보며 그림을 그리곤 한다. 이것이 내가 행복을 느끼는 방식이다. 당신이 좋아하는 일을 하라. 돈이 아니라 당신이 좋아하고, 사랑할 수 있는 일을 하면 돈은 저절로 들어오게 되어 있기 마련이다"라고 말이다.

30년 넘게 이어져오는 우리 모임의 B친구는 부동산 투자가 취미다. 원래는 피아노 학원을 운영했었는데, 어느 날 피아노 학원을 처분하고 그때부터 부동산 투자에 뛰어들어 많은 돈을 벌게 되었다. 그렇게 지금은 남들이 부러워하는 부자로 살고 있다. 처음에 그 친구가 부동산을 한다고 했을 때는 모두가 의아해했었다. 자기 전공과는 전혀 다른 쪽으로 선택했기에 친구들은 모두 너무 돈만 좇는 것 아니냐고 말했었다. 부동산 투자야 피아노 학원을 하면서도 할 수 있는데, 학원까지 처분하고 공인중개사를 고용해서까지 부동산 투자를 하기에 친구들 모두가 그런 생각을 했다. 그런데 그 친구는 자신의 미래를 위해서 과감한 결단을 내렸고, 그것이 오늘의 부를 가져다주었다. 그 친구는 부를 어떻게 해야 축적할 수 있는가를 미리 공부해왔다. 많은 취미 중 부동산을 공부하는 취미를 가진 덕분에 집을 사고팔고 하는 밝은 혜안을 가지게 되어 지금의 부자가 되지 않았나 생각한다. 지금도 B친구에게 취미를 물어보면 역시 좋은 땅과 집을 보러 다니는 것이 취미이고, 자기가 가장 좋아하는 일이라고 확고하게 말하고 있다. 그 친구를 보고 있자면 자기 일을 정말 좋아하고 사랑하고 있다는 것을 알 수 있다.

에디슨, 아인슈타인, 스티브 잡스, 워런 버핏, 레오나르도 다빈치, 스티븐 스필버그, 빌 게이츠. 이런 유명한 사람들에게는 공통점이 있다.

그들은 미칠 정도로 자기 일에 몰입할 줄 안다. 미칠 정도로 몰입할 줄 안다는 것은 뇌를 황홀하게 압박할 줄 안다는 뜻이기도 하다. 인간이 자신이 좋아하는 일, 미칠 정도로 좋아하는 일을 할 때 뇌는 그 어느 때보다 더 천재적인 뇌로 바뀐다. 창조성의 비밀이 여기에 있다. 천재적인 화가들, 작곡가들, 작가들은 작품을 창작할 때 그 과정에 완벽하게 빠져들고, 완벽하게 미친다. 이들은 자신이 하는 일 그 자체에 행복을 느꼈고, 그로 인해 자극받은 뇌가 그 일에 몰두할 수 있게 만든 것이기 때문이다.

몰입한다는 것은 숨은 능력과 천재성을 깨우는 것이다. 자기가 좋아하는 일에 미친 듯이 몰두하다 보면 그 결과는 원하는 방향으로 나올 것이다. 많은 사람들이 젊어서부터 자신이 무엇을 가장 좋아하는지 모르고 살아간다. 나이를 먹어서도 그냥 세상의 기준에 맞춰서 적당히 지지 않을 정도로만 살아가려고 한다. 그런데 또 자신이 좋아하는 일을 택했다고 해서 마냥 행복해하는 것도 아닌 것 같다. 그 이유는 현실을 고려하지 않고 택했기 때문이다. 사람마다 추구하는 가치가 다르기 때문에 정답을 찾기란 매우 힘들다. 자신이 좋아하는 일을 찾는 것도 현실과 방향을 생각하지 않으면 결국 멀리 돌아서 다시 제자리로 올 수밖에 없다. 한쪽으로만 치우치는 삶을 살지 말고, 되도록 현실을 잘 반영해 의미가 있고 자기가 좋아하는 일을 찾아나가야 할 것이다.

나의 도반 친구 P는 음식 솜씨가 남달라 창원에서 함양골 옻닭 음식점을 운영한다. 같은 장소에서 오랫동안 음식점을 운영하다 보니 창원에서는 이 집을 모르는 사람이 거의 없을 정도다. 이와 비슷한 많은 음식점들이 있지만, 한번 여기를 찾은 사람은 다시 찾아오게끔 만드는 마성의 음식 솜씨로 많은 단골손님을 보유하고 있다.

김장철에는 반드시 작은 갈치를 김치 속에 넣어 김장을 하는데, 김치가 손님상에 나올 땐, 그 김치 하나만으로도 맛있다고 칭찬이 자자했다. 그 김치는 아무 집에서나 먹을 수 있는 그런 맛이 아니었다. 또한, 제철마다 나오는 푸른 채소로 즉석에서 바로 해서 나오는 정갈한 야채무침은 가히 환상적이다. 친구 P의 손은 아마도 신이 주신 손이 아닌가 할 정도로 손맛이 있어서 한번 먹어본 사람은 이 집 음식을 다 좋아하게 된다. 그녀는 음식점 일이 보통 힘든 것이 아닌데도 자기 일을 너무나 사랑한다. 그리고 음식점 일에 대한 큰 자부심을 가지고 있다. 사람들이 와서 먹어보고 맛있다고 칭찬할 때 그 한마디가 현재까지의 자기를 있게 만들었다고 한다. '가끔은 다른 일도 해보지' 하고 얘기하면 이 일만큼 보람찬 일이 없어서 다른 일은 생각해보지도 않았다고 말한다. 죽을 때까지 음식점을 할 것이라고 말하는 모습에서 진정으로 자기 일을 좋아하는 행복한 사람이라는 것을 느꼈다.

코로나19 이후 일자리 구하기가 더 어려워졌다. 특히 자기가 좋아하는 일을 찾는 것은 하늘의 별 따기만큼이나 더 어렵다. 그렇다면 미칠 정도로 좋아하는 자기 일을 찾아서 천직을 만들어 그 일로 먹고사는 법은 없을까? 심리학자 에이미 브제스니예프스키는 '생업'과 '천직'이 따로 있는 게 아니라고 말했다. 우리는 좋아하는 일로 먹고사는 법, 천직을 만드는 일을 골똘히 생각해보아야 한다. 내가 하는 일에 대한 목적의식을 가지고 힘든 일도 천직으로 만들려고 한다면 천직이 된다. 천직은 그냥 주어지는 것이 아니라 스스로 천직으로 키워가는 것이다.

자기 일을 미친 듯이 하다 보면 그것이 천직으로 가는 길이 된다. 그리고 지금 하는 일이 사회에 어떤 기여를 하며 영향을 끼치게 되는지 한 번쯤 생각해봐야 한다.

좋아하는 일이 무엇인지 알고 있는 사람은 정말 행복한 사람이다.

많은 사람들이 좋아하는 일을 먼저 하는 게 아니라, 자기가 가장 잘하는 일을 먼저 해야 한다고 말하는데 똑같은 말로 들리지만 엄연히 다르다. 돈이 벌리는 것과 내가 좋아하는 것은 완전 다르듯이 말이다. 우리는 살아가면서 많은 선택을 하고, 그 선택에 대한 책임을 지고 살아간다. 나이가 들어가면서 그 선택에 대한 무게감이 커지고, 그러면서 때로는 자기 자신이 진짜 하고 싶은 것이 무엇이었는지 잊어버리기도 한다. 또한 방향성을 잡지 못하기도 한다.

사기가 잘하는 일보다 좋아하는 일을 하며 살기로 결정했다면, 그일에 미쳐야 한다. 완전하게 빠져들어야만 성공하는 것이다. 자기가 잘하는 일보다 좋아하는 일을 선택해 미칠 준비가 되어 있는 사람이라면 당신은 이미 행복한 성공자라 할 수 있겠다.

주도적인 인생을
살아라

　우리는 누구나 자기 인생의 주인공으로 태어났으며, 그 역할을 잘 해낼 수 있는 힘이 있다. '나는 지금 내 인생의 주인공으로 살고 있는가?' 아니면 '무대 뒤에서 다른 이들의 삶에 박수만 치며 살고 있는가?'

　자존감이 낮아서 자신의 삶이 타인에 의해 좌우되는 것을 당연하게 받아들이고 있다면, 자기 자신을 향해 왜 그런 삶을 사는지를 한번 물어보아야 한다. 우리는 단 하루를 살아도 주인공으로 살아가야만 온전한 자기 삶을 살았다고 할 수 있다.

　스티브 잡스는 2005년 스탠퍼드 대학교 졸업식 개회사에서 자신이 살아온 인생을 바탕으로 얻은 '자기 자신이 되기 위한 세 가지 교훈'을 들려주었다. 그것은 바로 조건에 안주하지 말고 자신의 본능을 따르고, 모든 상황을 유리하게 뒤집고, 항상 자신이 좋아하는 것을

　　　　　　　　당신은 어떻게 나이 들고 싶은가

하도록 선택하라는 것이었다.

도반의 K친구는 여성 기업가로, 컨테이너 제작을 해 1년에 10억 원 이상의 매출을 올리고 있다. 김해 상동 공장들이 밀집해 있는 곳에 그녀의 공장도 있다. 남자들도 주문 제작 오더 따기 어렵다는 이 일을 여성 혼자서 오랫동안 앞만 보고 꾸준하게 열심히 해온 결과, 갈수록 매출이 늘어나고 있다. 처음 이 일에 뛰어들었을 때는 그녀도 매우 힘들었다고 한다. 하지만 완벽한 제작과 애프터 서비스에 고객들의 만족을 얻어낸 뒤부터는 고객들이 서로서로 소개해주어 지금은 입소문으로도 사람들이 더 많이 찾고 있다. 한 동의 컨테이너라도 제작 후 컴플레인이 들어오면 자기가 손해를 보더라도 다시 제작해서 보낼 정도의 성의가 다른 사람들의 감동을 샀던 것 같다. 그리고 이 분야에 대해서 잠시도 쉬지 않고 색깔과 디자인 등 시대에 맞는 트렌드를 꾸준하게 공부하며, 자신만의 성공 노하우를 만들어갔다. 모든 면에서 자신의 삶을 소신껏 주도적으로 잘 살아가고 있어 주변 사람들에게 좋은 본보기가 되는 친구다.

우리는 젊어서는 패기로 세상에 도전했던 적이 한 번쯤 있을 것이다. 하지만 나이 들면서 그 패기들은 없어지고 여러 번의 실패로 자신감이 떨어지면서 스스로 뒤로 물러서게 된다. 실패와 낙담으로 삶을 비관하거나 자기 자신을 비하하는 사람들을 많이 본다. 그들은 늘 주눅들어 있으며 자신의 의사결정에 대한 추진력도 없다. 실패한 사람과 성공한 사람은 단 1%의 생각 차이에서 엇갈린다. 주도적인 인생을 살아가는 사람은 실패한 순간에도 자신이 '자기 삶의 주인공'이라는 것을 확신하기 때문에 용기 내어 다시 일어난다. 주도적인 인생 설계와 자신만의 기본 원칙을 충실히 지켜나가다 보면, 언젠가는 원하는 것을 얻고 성공한다. 이 세상 최고의 자본은 바로 '자기 자신'이므로 자기 확신을 하고 행동할 때 성공할 수 있다. 즉 본인이 자신의 인생에 주인공이라는 확신만 한다면, 우리는 주도적인 인생을 살아갈 수 있다.

주도적인 삶을 항상 살아가는 오프라 윈프리도 한때는 힘든 고통과 끔찍한 어려움들을 겪었다. 하지만 스스로 삶을 개척하며 힘든 상황을 슬기롭게 헤쳐나가 모든 역경을 이겨냈다. 오프라 윈프리는 사람들과 나누는 일을 무엇보다 뜻 깊게 생각해 새롭게 시작한 토크쇼 〈슈퍼 소울 선데이〉를 직접 프로듀싱하고 진행하며 최소 100만 명 이상의 수많은 시청자들의 마음을 사로잡아 최정상에 올랐다. 세계적인 미디어 그룹을 이끌고 있는 리더로서, 연예인 중에 최고로 자산이 많은 억만장자로도 유명한 그녀. 자선 사업으로 선한 영향력을 꾸준히 이어가고 있고, 아울러 세계에서 가장 영향력이 큰 인물 중 한 명으로 선정되기도 했다. 오프라 윈프리는 《언제나 길은 있다》에서 "무엇이 당신을 살아 있다고 느끼게 하는가? 거기서부터 시작하자!"라고 말한다. 그녀는 우리가 어떻게 인생을 주도적으로 살아야 하는지 보여준다.

당신은 어떻게 나이 들고 싶은가

삶의 길을 잃을 때마다 펼쳐보면 좋은 오프라 윈프리의 열 가지 조언을 알려주고자 한다.

1. 나로 살겠다고 선택하라
2. 매순간 성장하라
3. 내 안의 속삭임에 귀 기울여라
4. 자기 의심을 넘어서라
5. 의도에 따라 행동하라
6. 흐름에 맡겨라
7. 다음 단계로 나아가라
8. 알려주고 나누어라
9. 자기 존중감이라는 보상을 받아라
10. 언제나 되돌아갈 수 있다는 걸 기억하라

이 책에서 전해주는 메시지를 읽고 소중한 자신의 삶에 대해서 깊게 생각해보았으면 한다.

우리에게 주어지는 삶, 인생은 단 한 번뿐인데 남과 비교하고 상처받으며 감정 노동에 시간을 허비하지 말도록 하자. 또 이런저런 것 때문에 간섭받으며 시달리고 있지는 않은지 우리의 삶을 한번 돌아보아야 할 때다. 그동안 짊어지고 있던 삶의 보따리를 풀어 정확히 검토한 후, 남은 인생을 어떻게 살 것인지 설계하도록 하자. 지금부터라도 우리는 등 떠밀려서 할 수 없이 해야 하는 것이 아닌, 스스로 계획하고 실천하는 주도적인 삶을 살아야 한다.

　인간관계가 핵심이 되는 비즈니스로, 고객이라는 대상에 관한 연구와 스킬 없이는 성공하기 힘든 세계인 미용계에도 주도적으로 자기 삶을 살아가는 사람들이 많다.

　내가 다니는 L미용실 원장님도 자신의 인생을 멋지게 주도적으로 살아가는 분 중 한 명이다. 끊임없이 이 분야에 관해서 공부하고 있고, 또 개인적인 영적 성장과 학업 성취를 위해 누구보다 열심히 노력하고 있다. 이 원장님은 자기만의 감각적인 느낌으로 손님들 스타일만 보고도 잘 어울릴 만한 헤어스타일을 권장해 손님들이 원장이 시키는 대로 스타일을 바꾼 후 만족해하며 미용실 문밖을 나서게 한다. 다른 미용실에 가서 '이렇게 해주세요'라고 말하면 대부분 다 손님들이 원하는 대로만 해준다. 하지만 L미용실 원장님은 천천히 손님을 관찰한 후, 그 사람의 얼굴 형태, 옷 입고 있는 스타일, 피부색 등을 살펴본 후 최종적으로 손님이 원하는 스타일과 자신이 변신시켜주고자 하는 스타일을 비교해서 설명해준다. 나 역시 내가 원하는 스타일은 뒤로하고 대부분 다 원장님이 하자는 대로 맡겨버린다. 스타일 변신 후 거울을 보면 'L원장님 말씀대로 하길 잘했구나' 하는 생각이 들어서 다음에 또 찾게 된다. 자신의 전문 분야에서 열정적인 모습은 주도적으로 자기 인생을 잘 만들어가고 있는 사람으로 보인다.

　어떤 분이 수년 전 교통사고를 당해 응급실에 누워 있을 때의 일이다. 과다 출혈로 위험해서 죽을 수도 있다는 의사의 말이 귓전에 들렸을 때, 응급실 침대에 누워서 '혹시 다시 살아난다면 앞으로는 조금이라도 남한테 끌려다니는 삶을 살지 않겠다'고 결심했다고 한다. 수십 년 동안 남의 눈치를 보면서 제대로 자기 인생 한 번 못 살아본 것이 그렇게 후회되더라고 했다.

살아가면서 의미 있는 삶을 한 번도 살아보지 못하고 생을 마감해야 하는 경우가 생긴다면 얼마나 후회스러울까 생각해봤다. 행복하고 의미 있는 인생을 살기 위해서는 스스로 주도적인 인생을 살아가야 한다. 좋은 삶, 즉 '나만의 의미 있는 삶'은 언제나 자신의 참모습을 추구하는 주도적인 삶이라야 가능하다.

주도적인 삶이란, 자신의 무대에서 한껏 주인공으로 사는 삶을 즐기는 것이다. 내가 주인공이 될 때야 비로소 내 안에 잠들어 있는 위대한 잠재력도 깨울 수 있다. 탁월한 사람이 가진 특성 중 하나는 결코 다른 사람들과 자신을 비교하지 않는다는 것이다. 오직 나만의 특성을 살려서 내 삶을 내가 주도적으로 이끌어가면 된다. 우리의 인생을 후회 없이 잘 살아가려면 지금부터 당장 주인공의 마인드로 돌아서야 한다.

이기적으로 살아도
괜찮다

이기적인 삶(자신을 위한 삶), 과연 좋은 것일까?

모든 개인은 공동체 속에서 살아가고 있다. 그렇기에 자신만을 중시하는 이기적인 삶을 살다간 왕따를 당하거나 누구보다 큰 불이익을 얻게 되기도 한다. 그렇다고 반대로 무조건 남들에게 도움이 되어야 하고, 잘 보여야 한다는 강박관념에 갇혀버리면 개인의 삶은 스트레스로 가득 찰 것이다.

모든 사람에게 친절하고 배려해야 한다는 생각에 자신이 원하는 것을 포기하는 사람들이 많다. 하지만 대부분의 성공자들은 이기적이면서 이타적인 사람들이었다. 이기적이라는 단어와 이타적이라는 단어를 반대 개념으로 생각하는 사람들이 많지만, 이 두 단어는 융합해 동시에 사용할 수도 있다. 무조건 타인을 생각하고 도와준다 해서 그 노력을 다른 사람들이 알아줄 거라는 기대를 하지 않아야 하며, 또한 무언가를 얻기 위해서 남을 도와주려고 하는 생각은 하지 말아야 한다. 불편한 생각으로 남을 도와주는 행위는 도움받는 그 대상에게도 큰 의미가 없다. 남을 도와줄 거면 진심으로 그 대상을 도와주고 아픔을 나누겠다고 생각하자. 또한, 남을 도우려면 내가 먼저 성장해야 한다. 내가 여유나 돈이 있어야지 제대로 남을 도와줄 수가 있다. 남만 도와주고 개인의 삶을 돌보지 않아서 인생이 힘들어졌다면, 그 사람의 삶은 이미 망가진 것이나 다름없다.

착한 사람들은 어디를 가도 이용당하는 경우가 많다. 우리 병동 환자 중에 편마비를 앓는 P환자는 아들이 많은 양의 간식을 택배로 자주 보내준다. 그는 수시로 콜 벨을 눌러 요양보호자들에게 이것저것 요구하는 것도 많았고, 그 방에서 제일 착하고 약해 보이는 J환자를 직원들 몰래 많이 부려 먹고 있었다. 직원이 여러 차례 주의를 주어도 그때뿐이었다. J환자 보호자는 개인적인 사정으로 자주 병원을 찾아오지 못하는 관계로 늘 간식이 없어서 직원들이 뭔가를 많이 챙겨주는 편이다. 그런 사정을 잘 알고 있는 P환자는 J환자가 만만해 보였었던 것 같다. 처음에는 P환자가 J환자에게 나눠주는 간식에 고마워했었는데 나중에 알고 보니 그의 본심은 따로 있었다. P환자는 J환자에게 간식 조금 주면서 개인 비서처럼 이것저것 자기 심부름시키고 수족처럼 부려 먹었다. 충분히 직원에게 부탁해도 될 것까지 J환자에게 시키는 등 그 수위가 너무 높아 주의를 주어도 해결이 되지 않아 결국은 병실을 바꿔드린 후, 일단락되었다.

J환자의 경우도 자존감이 조금만 높았어도 그렇게 하지는 않았을 것이다. 우리가 조심히 불러서 부당한 심부름과 요구를 들어주지 말라고 신신당부를 하면, 자기는 누가 부탁하면 거절을 잘 못 한다고 말했다. 거절을 잘 못 하다 보니까 자기에게 자꾸 부탁한다고 했다. 쉽사리 거절할 수 없다는 J환자의 말에 직원들도 할 말을 잃었다. 그러면서 하는 말이 자기는 원래부터 천성이 착해서 그렇다고 말한다.

남들을 배려하고 착하게만 살아온 사람들이 못된 사람들한테 이용 당한다는 소리는 많이 들었을 것이다. 우리는 어릴 때부터 부모에게 '남을 먼저 생각하고 배려하면서 살아야 복을 받는다'고 귀에 못이 박이도록 들어왔을 것이다.

그런데 이것이 꼭 좋은 것만은 아니다. 착한 사람들은 자기보다 남을 먼저 생각하다 보니 나중에는 자기 자신만 힘들고 상처받는 일이 생기게 된다. 이러한 사람들은 '그냥 내가 조금 참으면 되지' 하는 생각이 지배적이기에 남한테 싫은 소리 하기 어렵거나 또 자신이 상대의 요구를 들어주지 않아 듣게 될 말이 싫어서라도 자신을 희생해 그 문제를 넘어가려 하는 경우가 너무 많다. 그런데 그렇게 살지 말라고 말해주고 싶다.

지인 한 명은 남편이 하도 폭력적이고 무서워 말대꾸도 못 하고 주눅들어 살았다. 자기 의사 표현 한 번 제대로 못 하고 남편의 강한 주장 때문에 시키는 대로 몇십 년을 살다 보니 가슴에 남은 것은 한 서린 긴 한숨이요, 멍든 심장밖에 없다며 억울해하고 있었다.

어느 날, 지인은 친구 따라 우연히 강연장에 갔다가 크게 와 닿은 말이 있었는지 자신도 이제 바뀌어야겠다고 했다. 한날은 남편이 큰 소리를 치길래 죽을 각오를 하고 대들었다고 한다. 남편이 깜짝 놀라면서 어리둥절해하다가 '이 사람이 갑자기 미쳤나?' 하더란다. 그때부터 시작된 반란은 지금까지 이어졌고, 지금은 남편이 자기 눈치를 보면서 예전만큼 큰소리를 치지는 않는다고 한다.

이제는 남편에게도 할 말은 하고 산단다. 지금은 남편이 뭐라고 큰소리치면 자기도 따라서 큰소리치고, 접시를 하나 깨면 자기도 접시를 하나 깨버릴 정도로 간이 커졌다며 웃어 보였다.

자식들도 어머니를 응원한다며 절대 아빠한테 당하고 살지 말라고 했단다. 그래서인지 요즘은 밝은 모습으로 자주 웃고 다닌다.

그 이후부터 자기는 마음을 단단히 고쳐먹었다며 앞으론 어떤 일이 있어도 자기 자신을 위해 살기로 했다고 했다. 누가 뭐라고 해도 자기 마음이 동하면 하고, 그렇지 않으면 'NO'라고 당당하게 말한다고 한다. 여태까지 너무 착하고 순진하게 주눅들어 살아온 것 같아서 지난 삶이 몹시도 후회된다고 했다.

몇몇 사람들은 착한 것이 좋은 것인 줄만 알고 싫어도 내색 한 번 못 하고 시키는 대로 군소리 없이 잘하는 예스맨이 되어 살아가고 있다.

하지만 많이 당해본 사람들은 안다. 그렇게 사는 것이 얼마나 어리석은 것인지…. 이제는 남들에게 조금은 무관심하고 자기를 먼저 생각하는 이기적인 삶을 살아도 괜찮다고 말해주고 싶다.

'우리는 누굴 위해 살아가는가?' 그것부터 먼저 생각해보아야 한다. 나 자신을 위해 살아가는지, 아니면 가족을 위해서인지, 이것도 아니면 사랑하는 사람을 위해서나 성공을 위해서 살아가는지 자신에게 물어보도록 하자. 사랑도, 가족도, 행복도, 나 자신이 없는 삶은 아무런 의미가 없다. 이 세상은 나를 빼고 나면 아무것도 아니다. 만약 있다고 한다면 그건 전부 거짓말이다. 사람은 철저한 이기주의자다. 자신마저도 속이면서 착한 척, 선한 척, 희생하는 척하며 살아가는 위선적인 사람이 바로 자기 자신이다.

누구도 예외는 없다. 본디 사람은 그렇게 살아간다. 나를 위해 사랑하고 양보하거나 아니면 나를 위해 희생하고 선택하고 표현하는 것에서 많은 차이를 보이기도 하지만, 어떤 방식이든 이제는 수용할 줄 알아야 한다. 이 세상의 모든 것들은 나를 중심으로 했을 때, 가장 안전하게 돌아간다고 한다.

떨어진 자존감을 높이고 나도 꽤 괜찮은 사람이었다는 것을 느끼면서 자기애가 충만해질 수 있도록 노력해야 한다.

우리 모두에게는 행복할 권리가 있다. 자신을 사랑하기 위해서 이렇게 외쳐보자.

당신은 어떻게 나이 들고 싶은가

'나를 사랑하라, 가장 사랑하는 사람을 사랑하듯, 나를 사랑하라!'

우린 최선을 다해 삶을 살아가면서도 항상 나를 나답게 지키며 살아가야 한다.

하고 싶은 일,
즐거운 일을 선택하라

　자신이 하고 싶은 일로 성공해서 살아가는 사람은 축복받은 행복한 사람이다. 대다수 사람들은 자신이 하고 싶은 일을 생각만 하고 있을 뿐, 결국 계획 한 번 제대로 세워보지도 못한 채 흐지부지 인생을 살다 생을 마감한다.

　좋아하는 것을 상상하는 것이 꿈의 현실화를 위한 가장 좋은 방법이다.

　현재 내 삶이 지루하고 뭔가 새로운 도약을 원한다면 더 나은 내 삶을 위해서 구체적으로 하고 싶은 일과 즐거운 일들을 일단 적어보자. 노트에 적고 상상하고 실행에 옮기게 된다면, 자신이 원하는 삶을 살 수 있게 된다.

　나도 내가 하고 싶은 일과 즐거운 일들을 적어 내려가 보았다. 노트에 적어 내려가다 보니 어느새 꽤 많은 목록이 채워졌고, 그중에서 우선순위를 정해보았다. 작가가 되어 좋은 글을 쓰고 싶은 것이 내가 가장 하고 싶었던 일이었다.

즐거운 일 중, 가장 하고 싶은 것은 여행이다. 아무리 피곤해도 여행지에서 받아온 좋은 에너지들은 나를 행복하게 해주기 때문이다. 그다음은 유튜버를 하고 싶다. 톡톡 튀는 창의력을 발휘해 잠재된 예술 감각을 깨우치고 남들처럼 나를 세상에 알리고 싶다. 아이디어를 떠올리고 스토리텔링 구상은 상상만 해도 신난다. 전 세계는 지금 유튜브 세상에 빠져 있다. 전 세계인들이 하루에 유튜브에 머무르는 시간이 10억 시간, 매월 유튜브를 시청하는 이용자 수는 20억 명 이상에 가깝다고 한다. 세계 최고령 유튜버는 107살, 최연소 유튜버는 생후 21개월이라고 책에서 읽은 기억이 난다. 텔레비전보다 유튜브를 더 많이 보는 아이들이 유튜버를 꿈꾸는 것은 자연스러운 일인 것 같다. 그래서 나도 이런 붐을 타고 유튜브를 하고 싶다.

이런 식으로 노트에 여러 가지 하고 싶은 것들, 즐거운 일들을 적어 내려갔다. 빼곡하게 적힌 것들을 보고 있으니, 그동안 못해본 것들에 대한 나의 한이 서린 듯했다.

노트에 적어 내려간 그 시간은 내가 몰랐던 좋아하는 것들을 찾아낸 뜻깊고 좋았던 시간이었다. 나는 이런 것들을 종이에 적어서 벽에 붙여놓고 하나씩 실행에 옮기고 있다. 현재의 나의 일에 충실하면서 내가 좋아하는 일들을 잘 병행해나가고 있다.

우리는 주변에서 좋아하는 일을 해서 그것으로 성공했다는 성공 사례를 자주 들어보았을 것이다. 그러다 보면 자신도 모르게 성공할 수 있겠다는 생각이 들어 자신이 무엇을 잘하는지, 무엇을 하고 싶고, 또 좋아하는지를 돌아보게 된다. 그래서 현재 많은 도전자가 생겨나고 있다. 그러나 좋아하는 일을 하는 것에도 반드시 좋은 점과 나쁜 점이 존재한다. 좋아하는 일을 시작하기 전에 나쁜 점을 먼저 알고 시작해야 한다. 좋아하는 일 한 개를 하기 위해서는 싫어하는 일 아홉 개도 해야 한다는 것이다.

예를 들어, 커피를 좋아해서 바리스타가 되었다, 커피를 뽑고 하는 것은 좋지만, 커피를 뽑는 일 이외에 커피잔 씻기, 테이블 정리, 청소, 재고 정리, 별난 손님 잘 대처하기, 등등. 그 이외의 잡다한 일들을 참아낼 줄 알아야 그 일을 해나갈 수 있다. 이런 과정들을 자신이 전부 다 잘 소화해내어야 즐겁게 일할 수 있다.

또 한 예로, 아이들을 가르치는 것이 좋아서 학교 선생님이 되었다. 그러나 가르치는 것보다 더 많은 행정 업무를 해야 하고 학부모와의 상담으로 스트레스받을 수 있는 부분도 잘 견뎌낼 수 있어야 즐겁게 일할 수 있다.

자신이 진짜로 하고 싶은 일, 즐겁게 할 수 있는 일을 찾았더라도

당신은 어떻게 나이 들고 싶은가

하기 싫은 부분까지 수용할 수 있는 자세를 가져야 성공할 수 있다. 그렇지 않고 단순한 감이나 느낌에 의존해 앞뒤 가리지 않고 시행했다가는 큰 낭패를 당하게 된다. 그래서 정확한 자기분석이 중요하다. 자기가 어떤 성향의 사람인지는 누구보다도 자신이 제일 잘 안다. 자신부터 잘 이해를 한 뒤 시작해야만, 무엇을 하든 가능하다.

내가 하고 싶고, 좋아하는 일 하나를 선택함으로써 나머지 따라올 싫은 아홉 가지를 잘 소화해낼 각오가 섰다면, 지금 당장 내가 원하는 일을 하며 삶을 살아가면 된다.

자기가 좋아하는 일을 하면서 인생을 살아가는 사람이 가장 행복한 사람이다. 자기가 좋아하는 일을 할 때는 아무리 고생스러워도 비관적인 생각을 하지 않는 법이다. 지금 시대는 '무엇이 되고 싶다'보다 '무엇을 하고 싶다'가 중요하다.

얼마 전, 친구와 이야기를 나누다가 "넌 작가가 되기 위해 열심히 뭔가를 하는 것 같아 보여. 사실 나는 내가 하고 싶은 일이 무엇인지 찾기가 너무 어려워. 뭘 해야 할지도 잘 모르겠고, 내가 뭘 좋아하는지도 잘 모르겠어. 그래서 이렇게 시간만 보내고 있어"라고 말했다. 나는 우울한 말투로 말하는 친구에게, "나도 처음엔 그랬어. 하고 싶은 일을 찾는다는 건 생각보다 쉬운 일은 아냐. 그렇지만 분명히 찾을 수 있어. 나도 계속 찾다 보니까 찾아진 거야! 너도 찾을 수 있어!"라고 말해주었다.

친구는 유일하게 즐겁게 할 수 있는 것이 식물을 키우는 것이라고 한다. 하지만 나는 확신한다. 그 친구도 머지않아 자신이 무엇을 가장 하고 싶어 하고, 무엇이 즐겁고 행복한 일인지 발견하게 될 것이다. 나도 예전엔 그랬으니까.

사촌 동생 중 막내 남동생은 노래를 정말 잘 부른다. 늦둥이로 태어나서 우리와는 나이 차가 꽤 나는 편인데, 그 막내 남동생의 결혼식에 참석하게 되었다. 지금에야 다들 결혼식을 이벤트식으로 하니 신랑이나 신부도 노래 부르고, 친구들이 춤추는 등 결혼식을 재미있는 축제장으로 만들지만, 옛날 결혼 문화는 감히 그런 이벤트를 생각도 못 하던 때였다.

그런데 사회자가 남동생에게 노래를 부르도록 청하는 것이었다. 주변에선 손뼉을 크게 치고 환호성을 질러서 속으론 무슨 신랑한테 노래를 시키냐고 좀 의아해했었다. 막내 남동생이 마이크를 잡고는 인사까지 하면서 노래 부를 태세를 갖추자 나는 결혼식에 어울릴 만한 멋있는 명곡 하나를 뽑을 줄 알았다. 그런데 웬걸, 가수 태진아의 〈옥경이〉를 부르는 것이 아닌가? 노래를 너무 잘 불러서 그야말로 가수가 와서 공연하는 듯한 축제 분위기였다.

사람들은 앙코르를 연발했고 다른 트로트 두 곡을 더 부른 뒤 마무리되었다. 나중에 작은아버지로부터 들은 얘기로는 노래를 워낙 잘해 한때는 가수의 꿈도 꾸었지만, 현실을 생각해서 지금은 자기 일을 하

당신은 어떻게 나이 들고 싶은가

면서 노래 부르는 것은 취미로 즐기면서 하고 있다고 한다. 각종 노래 대회에 나가서 많은 상을 받은 덕분에 지금도 지역 행사에 한 번씩 초대되어 노래를 부르고 있다고 한다. 원하는 직업을 가지고 있으면서도 자기가 하고 싶은 일을 하며 인생을 즐겁게 사는 모습이 참 좋아 보였다.

나이를 너무 의식하지 말고 하고 싶은 일, 즐거운 일을 찾으려고 노력해야 한다. 자신의 자질과 흥미를 발견하고 그것을 고려해서 좋아하는 일을 찾아내자. 행복하고 재미가 있어야 그 일을 지속해서 이어나갈 수가 있다. 좋아서 하는 일이라도 취미와 직업은 다르다. 싫증 나지 않고 오랫동안 할 만한 일을 찾아보자. 자기가 하고 싶은 일을 하면서 사는 사람은 그렇지 않은 사람들보다 행복 수치가 높다고 한다. 그러므로 수명도 훨씬 더 길다는 점을 잊지 말자.

누군가를
가르치려 들지 마라

영국의 정치가였던 체스터필드 경은 이렇게 말했다. "상대방을 가르치려 들지 마라. 상대방이 모르는 것이라면 아는 것을 내색하지 마라. 상대방보다 현명해지도록 노력하라. 그러나 자기의 현명함을 상대방이 눈치채도록 해서는 안 된다."

우리는 누군가가 실수와 무지를 지적하면서 가르치려 든다면 기분이 나빠진다. 어떤 사람이든 자기의 실수와 잘못을 어느 정도 다 알고 스스로 고치려고 노력한다. 지적받으면 고치려다가도 기분이 나빠 삐딱하게 나가게 된다. 사람들은 누구나 일종의 청개구리 심보가 있어서, 어떤 일을 하라는 명령을 들으면 하기가 싫어진다. 자신이 누군가를 가르치고 나면 일시적으로 나 자신이 대단해 보이는 느낌을 받을 수는 있겠지만, 곧 사람들은 당신에게 말을 건네지 않을뿐더러 당신을 가까이하지 않을 것이기에 외로워질 수밖에 없을 것이다.

당신은 어떻게 나이 들고 싶은가

사람을 함부로 충고하면서 가르치려고 하지 말라는 성인의 말씀을 잠시 옮겨본다.

가르치려 들지 마라. 깨달음에는 때가 있다. 섣불리 남을 가르치려 들지 마라. 성급히 도우려 들었다가 괜히 실망하거나 마음만 틀어진다. 상대방을 바꿔보겠다는 욕심이 있었던 것은 아닌지 돌아봐라.

내가 바꿀 수 있는 것은 나 자신뿐이다. 남을 내 마음대로 바꿀 수 없다. 내 마음 하나 돌보는 것도 힘든 일이다. 남에게 도움이 되고 싶다면 그저 이해하려고 노력하라. 사람은 자기가 보고 싶은 것만 본다. 본인이 관심이 없으면 아무리 말해도 소귀에 경 읽기다. 수백 번 보고 들어도 그냥 지나치다가 관심이 생겨야 비로소 눈에 들어오고 귀에 들린다. 이렇게 깨달음에는 때가 있는 법이다.

무르익은 후에야만 깨달음이 다가온다. 그렇기에 위대한 스승들은 처음부터 다 알려주지 않는다. 제자가 무르익을 때를 기다렸다가 위대한 가르침을 전해주는 것이다. 과일도 때가 되어야 무르익듯이 모두에게도 때가 있다. 게다가 진리라는 것은 개념이 아니기에 언어로써 온전히 설명되는 것이 아니다. 오직 경험되는 것이다. 말로써 섣불리 가르치려 들지 마라. 말하기는 쉬워도 행동하기는 어렵다. 말로 전달하려 하지 말고 몸소 보여주는 것이 낫다. 오해는 덜 사면서 진정으로 마음에 가 닿을 수 있는 방법이다.

성인은 말 없는 가르침을 실천한다.

《도덕경》

K라는 지인은 아주 작은 것 하나 가지고도 간섭하고 잔소리하면서 참견하기 일쑤다. 그분의 유일한 낙은 여기저기 지적하면서 남을 가르치려고 드는 것이 아니겠냐며 사람들이 뒷말하기도 한다. 본인은 좋은 의도에서 가르치려 들겠지만, 듣는 사람들은 좋게 받아들이지 않고 잔소리로 치부한다.

우리는 그분이 말하면 전부 다 귀를 얼른 막고 자리부터 뜰 생각을 한다. 어떤 분이 참다가 에둘러서 사람들이 싫어하니까 그렇게 하지 말라고 귀띔을 해주면 "다 자기네들 잘되라고 말해준 건데 그것도 못 알아듣는다!"라고 하면서 오히려 화를 낸다. 아무리 얘기를 해줘도 말이 통하지 않아서 그다음부터 우리끼리 마음을 바꿔 오히려 그분을 스승으로 모시자고 했다. 그분을 타산지석 삼아 다른 사람들한테 절대로 저렇게 말하지 말아야지 하는 것을 깨닫게 해주었기 때문이다.

내가 상대에게 해주고 싶은 충고나 훈계가 있다면, 그것이 매우 옳게 느껴지더라도 잠시 내려놓자. 그리고 우회해서 이야기를 들려주는 것으로 대신해보자. 상처를 받지 않기 때문에 한결 관계가 좋아질 것이다. 그리고 상대방에게 교훈까지 말해주는 것은 금물이다. 그것은 듣는 그 사람의 몫이다.

조지 버나드 쇼는 이렇게 말했다. "만일 당신이 누군가에게 무엇인가를 가르치려 한다면, 그는 결코 배우려 하지 않을 것이다." 좋은 사람으로 남고 싶다면 절대 가르치려 들지 않아야 사람들이 좋아하고 관계가 계속 이어질 수 있다.

당신은 어떻게 나이 들고 싶은가

엑스포츠뉴스 전아람 기자가 결혼 28년 차 배우 박준규 씨 부부의 금실 비결에 관해 작성한 기사를 보고 느끼는 바가 크기에 옮겨 적어 본다.

박준규는 최근 진행된 KBS 2TV 퀴즈프로그램 〈1 대 100〉 녹화에서 "지금도 아내가 예뻐 보인다"며 부부 금실을 자랑했다. 박준규는 "사람 자체가 예쁜 사람이다. 다른 사람 불편하게 안 하고 모나지도 않은, 완벽한 사람이다"고 아내에 대한 칭찬을 아끼지 않았으며, "일 때문에 새벽에 집에 들어갈 때도 있고 며칠 만에 집에 들어갈 때도 있는데 그때마다 아내가 그 시간까지 기다리고 있다가 밥을 차려준다. 새벽에도 내 전화를 잘 받아주는데 정말 고맙다"고 사랑하는 아내의 배려에 고마운 마음을 여실히 드러냈다.

이를 듣던 MC 조충현 아나운서가 박준규에게 '부부 금실 비결'에 대해 질문하자, 박준규는 "잔소리를 하지 않는 것"이라며 "신혼부부들에게 꼭 해주고 싶은 말이 있는데, 제발 사람을 가르치려고 들지 말고 고치려고 하지 마라. '짧은 바지 입지 마!', '양말 여기다 놓지 마!', '치약 뚜껑 닫아!' 이렇게 잔소리하지 말고, 있는 그대로 받아들이고 사랑하라"며 연륜이 묻어나는 조언을 해 주목을 받았다.

기사 내용을 읽고 박준규 씨는 참 지혜로운 아내를 두었다는 생각을 했다. 사실 부부 싸움은 큰 이유보다 아주 사소한 일 가지고 싸우는 경우가 더 많다. '양말 뒤집지 말고 세탁기에 넣어라'부터 시작해

‘치약 가운데부터 짜지 마라’, ‘변기 뚜껑은 꼭 닫아라’, ‘벗은 옷 제자리에 좀 걸어라’ 등등. 아주 사소한 것을 가지고 싸우는데, 잔소리 지적만 하는 것이 아니라 자기 스타일대로 상대방을 고치려고 해서 부부간에 문제가 발생한다.

좋은 관계를 유지하기 위해서는 자기 눈에 거슬리더라도 가르치지 않고 있는 그대로 상대방을 수용하도록 받아들이는 마음을 가지도록 해야 할 것이다.

나도 혹시 남을 가르치려 들지는 않았는지 반성해보았다. 상대방의 사고관이나 인생관은 어지간해서는 잘 바뀌지 않는다. 특별히 자기가 바뀌어야 하겠다는 확고한 결심으로 스스로 바꾸는 것은 가능할지 몰라도 남이 바꾸려고 아무리 노력해도 관계만 깨어질 뿐 절대로 쉽게 바뀌지 않는다. 그래서 함부로 상대방을 가르치려 들거나 설득하지 말아야 한다.

당신은 어떻게 나이 들고 싶은가

오늘을 황금보다
더 귀하게 써라

훌륭한 이름을 남긴 사람들의 공통점이 하나 있다. 그것은 시간을 황금보다 더 귀하게 여기면서 살았다는 점이다. "시간은 금이다"라는 격언도 있는데 이 격언은 잘못된 말이다. 왜냐하면, 금은 돈을 주고 다시 살 수도 있지만, 시간은 한번 잃어버리면 돈을 아무리 많이 주어도 살 수 없기 때문이다.

오늘의 시간은 오늘뿐, 내일은 내일의 시간이지, 결코 오늘의 반복이 아니다. 그러므로 오늘 할 일은 오늘 다 해야 한다. 그래야 내일은 내일의 일을 할 수 있다. 지금 바로 이 시간의 귀중함을 알고도 헛되게 시간을 보낸다면 나중에 후회하게 된다. 스스로 시간의 소중함을 알고 귀하게 쓰는 실천이 중요하다.

미국의 20대 대통령 가필드는 학창 시절에 학업 성적이 뛰어났지만, 유독 한 학생에게는 계속 지고 있었다. 어느 날, 밤늦게 공부를 마치고 기숙사 복도를 지나는데 어떤 방의 문틈으로 불빛이 새어 나오고 있었다. 자세히 보니 1등 하는 친구 방이었다. 가필드는 불이 언제 꺼지는지 방문 앞에서 살펴보니 10분 후에 불을 끄고 자는 것이었다. 그 순간 가필드는 저 친구보다 10분을 더 공부해야 하겠다고 결심하고 매일 10분 더 공부한 결과, 마침내 그 친구보다 앞서게 되었다.

가필드는 정말 탁월한 선택을 한 것이었다. 자신의 미래를 위해 10분을 더 귀하게 쓴 결과, 친구를 앞지를 수 있었던 것이었다. 가필드는 미국의 대통령이 되어 취임 연설을 할 때 "10분을 남보다 더 이용하라, 이것이 모든 일을 성공적으로 이끄는 비결이다"라고 말했다.

주변 지인의 이야기다. 아들이 군대에 다녀온 후 취직해 처음엔 저축도 하고 돈도 잘 모아 굉장히 기특하게 생각했단다. 하루하루 시간의 소중함을 알고 시간 분배를 잘해 자기계발에도 열중이었다. 부모는 아들이 황금 같은 시간을 알뜰히 잘 보낸다 싶어 미래가 더 밝아 보여 무척 좋아했다. 그런데 얼마 전부터 아들이 달라지기 시작했다고 한다. 갑자기 돈 쓸 일이 생겼다며 부모에게 손을 벌리기도 하고 월급도 들쑥날쑥 가져왔으며, 매번 늦게 다니면서 뭔가 신변에 문제가 생긴 것처럼 보였다고 한다. 나중에 안 사실은 여자 친구와 교제를 하고 있는데, 1주년 기념일에 여자 친구 명품백을 사주기 위해서 돈을 모으고 있고, 여자친구의 마음을 얻기 위해 데이트 비용을 대부분 다 내기 때문에 항상 돈이 모자라서 그랬다고 한다. 이에 적금통장도 해지한 상태였다. 삶의 방향성을 완전히 잃은 것 같은 아들의 행동 때문에 부모의 애간장은 타들어갔다. 대부분의 시간을 여자 꽁무니만 쫓아다니면서 낭비하는 것 같고, 미래를 위한 시간 분배를 잘 못 하고 있는 것 같아 안타까워했다.

이와 반대로, 비슷한 같은 조건을 갖춘 H군은 자신의 미래를 위해 성공한 후에 좋은 사람을 만나려고 지금은 돈과 시간을 낭비하지 않겠다며 열심히 월급 받아서 그 대부분을 재테크에 심혈을 기울이고 있다. 자신은 시골 출신이라 성공해 사기 고장의 자랑거리가 되고 싶다고 했다. 그리고 시간 관리를 철저히 해 1분이라도 헛되이 보내지 않으려고 노력하고 있다. 그는 자투리 시간을 이용해서 성공자의 시간 관리, 돈 관리에 관한 공부를 계속해오고 있다.

요즘 연애로 모든 시간을 다 써버리는 젊은 친구들이 많다. 젊은 시절, 어영부영 목적도 없이 살면서 허송세월 보낸 뒤 나중에 제대로 기반을 잘 잡지 못하면, 있던 연인도 다 떠나가게 된다. 현명하게 잘 판난해 황금 같은 시간을 허비하지 말아야 한다. 사람이 노력한 뒤 성공해 기반을 잘 잡으면 좋은 이성과 사귈 기회는 얼마든지 있다. 시간은 우리를 기다려주지 않는다. 최선을 다해 오늘을 뜻깊게 살아가야 한다.

시간의 중요성을 강조하기 위한 '세 가지의 금' 이야기가 있다.

첫째로, 귀한 금은 소금이다. 사람의 몸에 염분이 없으면 뇌가 붓고 사망에 이르게 된다.

둘째로, 소금보다 더 귀한 금은 바로 황금이다. 황금을 주면 소금을 살 수 있기 때문이다.

그런데 셋째로, 황금보다 더 귀한 금이 있다고 한다. 그것은 바로 지금이라고 한다. 오늘, 바로 지금 이 순간을 황금보다 더 귀하게 써야 한다. 언제나 오늘이 마지막 날인 것처럼 최선을 다해 지금을 살아가야 한다.

법정 스님은 '지금 이 순간을 소중히 생각하며 열심히 살아라. 지금이 바로 그때다'라고 말씀하셨다.

삶은 미래가 아니다. 지금 이 순간이다. 매 순간의 쌓임이 세월을 이루고 한 생애를 이룬다. 진정한 행복은 이다음에 이루어야 할 목표가 아니라, 지금 당장 이 순간에 존재하는 것이다. 지금이 바로 그때이지, 다른 때가 우리를 기다리지 않는다고 하셨다.

"과거를 따라가지 말고 미래를 기대하지 말라. 한번 지나간 것은 이미 버려진 것. 미래는 아직 오지 않았다. 다만 현재의 일을 자세히 살펴, 잘 알고 익히라. 누가 내일의 죽음을 알 수 있으랴." 이 모든 말은 바로 지금을 강조하는 것이다. 오늘과 내일이 구분되지 않고 오늘 속에 이미 내일이 들어 있다는 것이다. 결국, 오늘에 최선을 다하라는 것이다.

당신은 어떻게 나이 들고 싶은가

모든 성공자는 한결같이 시간의 중요성을 강조했다. 똑같이 주어지는 하루를 어떻게 쓰고 관리하느냐가 중요하다.

나는 '황금보다 귀한 시간의 소중함을 젊은 시절에 좀 더 일찍 알았더라면 얼마나 좋았을까' 하고 후회도 했었다. 하지만 후회보다 현재의 내 마음가짐이 미래의 나를 만들기 때문에 지금도 늦지 않았다고 생각해서 이 순간을 보람차게 보내려고 노력하고 있다. 이제 나는 시간의 소중함을 알았기에 눈뜨자마자 하루를 황금보다 더 귀하게 쓰고 있다.

나는 아침에 일어나자마자 잠자리 정리를 하고 세안 후 감사 기도와 명상, 매일 두 권의 책을 하루 한 페이지씩 필사하고 있다. 그런 다음, 독서와 글쓰기, 간단한 운동으로 오전을 보낸 뒤, 오후 2시에 이브닝 근무를 나간다. 근무를 마친 후 집으로 돌아와도 독서와 글쓰기는 잠자리 들기 전까지 이어진다. 세수하고 설거지하고 밥 먹는 시간, 집 청소, 그리고 출퇴근을 하면서 운전하는 시간에도 헛되이 시간을 보내지 않고 내 공부에 필요한 유튜브 동영상들을 찾아서 계속 틀어놓고 들으면서 일한다. 잠깐의 시간도 아까워서 헛되게 보내고 싶지 않다. 그냥 넋 놓거나 온갖 잡생각으로 나의 뇌를 다른 곳에 지배당하게 놔두고 싶지 않다.

나는 나이 들었다고 별생각 없이 세월을 낚으며 느슨하게 보내고 싶지 않다. 나는 지금 인생 2막을 내가 꿈꾸던 꿈으로 시작하고 있기 때문이다. 내 경험과 깨달음을 다른 사람들과 나누는 메신저, 동기부여가, 작가로 살아가고 싶어 하루 계획을 잘 세워 부족한 부분들을 계속 공부해나가고 있다. 누구와도 비교하지 않고 주어진 내 환경, 내 모습, 내 성품을 있는 그대로 인정해주고 나만의 개성 있는 삶을 살아가고 싶기 때문이다.

나는 오늘도 나답게 행복한 삶을 살아가기 위해 황금보다 더 귀한 시간을 알뜰하게 잘 쓰고 있다.

당신은 어떻게 나이 들고 싶은가

이제부터라도
하고 싶은 대로 살아라

바야흐로 100세 시대다. 늦었다고 생각해 현실에 안주하기에는 인생이 너무 아깝다. 지금부터라도 주변 눈치 보지 않고 내가 하고 싶은 것을 내 마음대로 원 없이 해도 되지 않을까?

내가 바라는 대로, 소망하는 대로, 내가 뜻하는 대로 살아보자. 고된 일상에 치여서 잊고 살았던 자신의 꿈을 다시 발견하고 삶의 주인공이 되어 하고 싶은 대로 살아가는 모습만 그려봐도 가슴 설렌다. 가슴 뛰는 인생, 내가 하고 싶은 대로 사는 자유로움은 누가 주는 것이 아니다. 내가 창조해서 만드는 것이다.

항상 자신감이 없고 소심한 지인 L씨는 요즘 크게 변신 중이다. 유튜브에서 자존감을 높이는 동영상을 꾸준하게 보게 된 이후부터 조금씩 변했다. 8개월이 지난 지금은 눈에 띌 만큼 많이 달라졌다. 옷차림

도 밝은색만 주로 입고 외출 시에는 거추장스럽다고 안 하던 액세서
리까지 주렁주렁 걸치기도 하고, 남들이 하는 속눈썹 연장, 네일아트
까지 하고 나타나서 주변을 놀라게 했던 적도 있다. 표정도 매우 밝아
지고 자신감이 듬뿍 묻어났다.

그녀의 말인즉, 지속적인 자존감을 높이고 자아를 찾아가는 연습
을 하다 보니 어느 날 형편없이 쭈그러져 있는 자신을 발견하고 너무
나 불쌍해서 하염없이 울었다고 했다. 그 후, 이제부터라도 자신이
하고 싶은 대로 살 것이라 굳게 마음을 먹고 죽기 전에 남들 하는 것
들은 한 번이라도 다 해보고 죽자는 나름의 원칙을 세웠다고 한다.
외출할 때, 다른 사람들이 소화를 잘 못 하는 원색의 의상에 모자를
쓰고 선글라스 끼고 거리를 걷는다. 주위 시선은 아랑곳하지 않는
다. 마음껏 멋 내고, 입고, 꾸미고 하는데, 그게 참 멋지고 당당해 보
였다.

어느 날, 우리도 그 지인 집에 모여서 과감해진 그녀의 옷과 액세
서리 소품들을 걸쳐보고 속눈썹도 사서 붙여보고 깔깔거리며 우리만
의 패션쇼를 벌였다. 재미있으면서도 신선했다. 이후 나의 의상도 짙
은 색 컬러에서 조금씩 밝은색으로 바뀌었고, 외출할 때, 한 번씩 속
눈썹도 붙이고 네일아트도 하기 시작했다. 변신이 주는 행복감도 있
었다. 우리끼리 모이면 '변신은 무죄다!', '우리가 하고 싶은 대로 하
고 살아도 괜찮은 나이이지 않니?' 하고 말하면서 서로 웃곤 한다.

당신은 어떻게 나이 들고 싶은가

자기계발과 글쓰기 강사로 독자들과 소통하는 윤정은 작가는 에세이집 《하고 싶은 대로 살아도 괜찮아》에서 사회가 강요하는 고정관념에 매몰되지 않고 자유로운 나로 사는 데 필요한 '나를 돌보는 방법들'에 대해 이야기한다. 윤 작가는 남을 위해 애쓰기보단 나를 돌아보고 행복한 나를 찾는 것이 중요하다고 말한다. 지금 이 순간, 나를 잃지 않고 행복을 찾는 '진짜 나를 사랑하는 법', 누군가에게 휘둘리지 않고 자유로운 나로 살기 위한 저자의 이야기를 담았다. 이 책은 오롯이 자신에게 집중하며, 있는 그대로의 나를 사랑하고 싶은 사람들에게 위로와 공감을 불러일으키고 완벽하지 않아도 괜찮다고 말한다. 타인의 말에 휘둘리지 않고 자신만의 길을 가는, 진짜 나를 찾는 여정을 떠나볼 수 있게 해서 좋았다.

자존감을 잃지 않고 행복을 찾는 '진짜 나를 사랑하는 법'은 유리처럼 산산이 부서진 마음을 스스로 보듬어 안아주는 일'이라고 말한다. 우리는 삶의 순간순간, 내면의 빈칸들을 어떻게 채워야 할지 자신을 돌아보며 물음표를 던진다. 타인이 정한 기준에 맞춰 타인의 바람대로 살아가는 삶은 과연 옳은지, 세상의 중심엔 다른 무엇보다 내가 있어야 하는 게 아닌지 말이다. 결국, 자신이 행복해야 온전한 나로 살수 있고 그 모든 것이 행복해진다는 깨달음에 이른다. 늘 남을 위해 애쓰느라 정작 소홀했던 자신에게 따뜻한 위로의 말을 건네도 괜찮지 않을까?

그의 저서에 건강하고 자유롭기 위한 몇 가지 방법들이 소개되었다.

가끔은 혼자만의 시간 갖기, 나만 아는 아지트 마련하기, 나만을 위해 기뻐해보기, 내 사진 많이 찍기, 나에게 선물해주기, 완벽함에 대한 강박 버리기, 몸이 편한 옷 입기, 건강한 음식 찾아 먹기 등 타인의 시선에서 벗어나 '가끔은 지금 그대로, 하고 싶은 대로 살아도 괜찮은' 자신을 사랑하는 방법을 알려준다.

요즘 나는 나이 들어가면서 하고 싶은 일이 자꾸 하나씩 더 불어나는 기이한 현상을 겪고 있다. 나이가 들면 하던 일도 내려놓고 편히 쉬어가야 하는데, 나는 오히려 젊은 시절보다 하고 싶은 일들이 늘어나니 내가 생각해도 우습다. 너무 안일하게 보낸 젊은 날의 시간이 아까워서 그럴까?

흥밋거리도 많이 생겼다. 길을 가다가 좀 특이한 물건 등을 팔면, 예전엔 쳐다보지도 않고 지나갔을 텐데 지금은 궁금해서 한참을 구경하다 간다. 어느 여행지에서 굿거리장단 같은 품바 공연을 우연히 보게 되더라도 옛날에는 그냥 한 번 휙 훑고만 지나갔을 일인데, 지금은 노래와 가락 속에서 웃음과 해학, 그들의 애환까지 느낄 수 있어 한참을 머물다 가기도 한다. 어느 순간, 이런 구경까지도 예전에 내가 하고 싶었던 일 중 하나가 아니었나 생각해본다.

그리고 나는 모든 면에 조급해하지 않고 조금 느긋해지기로 했다. '하고 싶지 않는 일은 하지 않아도 괜찮아!' 하면서 나를 다독거리고,

당신은 어떻게 나이 들고 싶은가

하고 싶은 일이 생기면 즐겁게 즉시 하기로 마음먹었다. 이제부터라도 나는 하고 싶은 대로 살 것이라 다짐해본다.

후회 없는 삶을
사는 비결

나이가 더 들어갈수록 남는 것은 지난날 해보고 싶은 것을 못 해본 후회와 감추고 싶은 주름살과 나이뿐이다. 세월 앞에 장사 없다는 말이 실감 나는 날들이다.

법륜 스님은 '나이 듦의 장점'이라는 글에서 "나이가 들면서 홀가분하게 살 수 있고 보지 못했던 아름다움도 느낄 수 있고 앞날을 예측할 수 있는 장점을 가지게 된다"라며 긍정적인 측면을 부각했다. 그렇게 생각하면 조금 위로가 된다.

누구나 후회 없는 삶을 원하지만, 누구나 후회를 하며 살아가는 것이 인생살이다. 후회 없는 삶을 사는 많은 비결 중 이 두 가지가 제일 많이 알려져 있다.

첫째는 오늘이 마지막 날인 것처럼 두려움 없이 도전하며 사는 것

당신은 어떻게 나이 들고 싶은가

이고, 둘째는 사랑하는 사람들과 넘치게 사랑하며 사는 것이다. 오늘을 행복하게 살아야 내일 죽어도 미련이 없다고 한다. 이것이야말로 후회 없는 삶을 사는 최고의 비결인 것 같다.

한 젊은이가 새로운 일을 위해 다른 지역으로 떠나게 되었다. 그는 고향을 떠나기 전, 마을에서 가장 존경받는 노인을 찾아가 가르침을 부탁했다. 노인은 잠시 생각하더니 글을 써서 건네주며 말했다.

"이건 지난날 내 삶을 이끌어준 인생의 비결이네. 하지만 지금은 글의 절반만 줄 테니 나머지 글은 자네가 다시 돌아오면 주겠네. 젊은이는 노인이 준 종이를 펼쳐보았다. "서른 살 이전에는 두려워하지 마라"라고 적혀 있었다. 젊은이는 짧은 글이지만 늘 품에 지니고 다니며 힘들 때마다 그 글을 보며 용기를 얻었다. 어느덧 세월이 흘러 성공한 그는 중년이 되어 고향으로 돌아왔다. 그리고 노인을 찾아갔지만 몇 년 전 세상을 떠나고 없었다. 실망한 채 집을 나서는데 누군가가 불렀다. "잠깐만 기다리세요. 아버님이 남기신 글이 있어요. 언젠가 당신이 찾아오면 꼭 전해주라고 하셨어요." 그는 그제야 인생의 비결을 반밖에 받지 못한 사실을 기억하고 바로 봉두 안의 종이를 펼쳐보았다. 종이에는 다음과 같이 쓰여 있었다. "서른 후에는 후회하지 마라"였다.

우리는 후회가 없는 삶을 살기 위해 부단히 노력하면서 살고 있다. 브로니 웨어의 책《내가 원하는 삶을 살았더라면》에는 죽음에 임박

한 환자들이 생의 마지막 순간에 남긴 값진 교훈 다섯 가지가 담겼다. 그녀가 죽음을 앞둔 환자들과의 마지막 시간을 함께하며 나누었던 이야기들이다. 죽음을 앞두고 가장 많이 하는 다섯 가지 후회는 다음과 같다고 한다.

1. 다른 사람이 아닌, 내가 원하는 삶을 살았더라면…
2. 내가 그렇게 열심히 일하지 않았더라면…
3. 내 감정을 표현할 용기가 있었더라면…
4. 친구들과 계속 연락하고 지냈더라면…
5. 나 자신에게 더 많은 행복을 허락했더라면…

이 항목을 살펴보면, 다른 누군가의 도움이 필요하지 않고, 충분히 자기 혼자 당장 할 수 있는 일들이었다. 그런데 왜 이렇게 미루면서 하지 않은 것일까? 그것은 사람들이 자신이 영원히 살 것처럼 생각하고 계획하기 때문이다. 우리가 죽음을 받아들여 정직하게 직면할 수 있다면, 너무 늦기 전에 삶의 우선순위를 바꿀 수 있다. 남아 있는 삶에서 좀 더 멋진 목표를 세울 수 있다. 그리고 그에 따른 만족을 누릴 기회도 생겼을 것이다.

브로니는 나약해서 실의에 빠진 그들에게 "우리는 나약해도 되요. 이것은 다 살아가는 과정의 일부거든요"라고 말했다. 병마는 사람을 약하게 만들고 생을 단축시킨다. 그러나 역설적으로 모든 부차적인

당신은 어떻게 나이 들고 싶은가

것을 다 떨치고 본질을 보게 만든다. "그냥 행복한 척하세요. 30분 동안이요. 아마도 그러다 보면 진짜로 행복한 기분이 들 거예요. 몸이 먼저 웃으면 감정도 따라오는 법이에요. 행복한 사람이 되겠다고 선택한 뒤 행복을 느끼면 됩니다. 행복은 의식적 선택입니다. 내 행복은 내 선택의 결과입니다. 내가 어떤 사람이든 행복할 권리가 있고, 그 행복은 다른 누군가가 아닌 내가 챙길 몫입니다.

우리는 더 늦기 전에 '…했더라면' 하는 후회의 삶을 살지 말고 행복할 권리는 나한테 있으며, 그 행복도 우리가 만드는 것이므로, 순간순간 하루하루를 후회 없이 살아야 한다. 후회하지 않는 삶을 사는 비결은 의외로 가까이에 있다.

파킨슨병을 앓으면서도 유쾌한 삶을 살아가는 김혜남 작가는 30년간 정신과 의사로 일하고 15년간 파킨슨병을 앓으면서 깨달은 것을 《오늘 내가 사는 게 재미있는 이유》라는 책으로 펴내 많은 사람에게 울림을 주고 있다. 처음 파킨슨병 진단을 받았을 때는 너무 억울하고 세상이 원망스러워 아무것도 못 한 채 한 달 동안 침대에 누워 천장만 바라보았다고 한다. 그러다가 문득 누워 있다고 바뀌는 건 아무것도 없으며, 병이 초기 단계라 할 수 있는 일이 많다는 것을 알고 다시 일어났다. 파킨슨병에 걸린 후로 걱정이나 후회는 되도록 하지 않는다. 원하는 게 이루어지지 않았다는 이유로 실패했다고 단정 짓지도 않고, 스스로를 닦달하며 인생을 숙제처럼 살지도 않는다. 그녀는 운동하고, 집안일을 하고, 산책하고, 중국어 공부를 하는 등 하고 싶은 일을 하며 재미있게 살려고 노력한다. 매 순간이 얼마나 소중한지 깨달았기 때문이다.

그렇게 일어나 하루를 살았고, 그다음 날을 살았다. 그렇게 15년을 살면서 그녀는 환자를 진료하고, 아이를 키우고, 다섯 권의 책을 쓰고, 강의를 했다. 물론 몸 상태는 지속해서 나빠져서 작년에는 병원도 접고 건강 관리에만 전념하고 있지만, 그녀는 아픈 와중에도 하고 싶은 일을 꿈꾸고, 할 수 있는 일들을 즐기며 재미있게 살고 있다. 그녀는 과거의 자신처럼 인생을 숙제처럼 살며 스스로를 닦달하는 사람들에게 말한다.

"지금까지 살면서 한 가지 후회하는 게 있다면 스스로를 닦달하며 인생을 숙제처럼 사느라 정작 누려야 할 삶의 즐거움들을 놓쳐버렸다는 점이다. 지금 이 순간이 얼마나 소중한지를 깨달았기 때문에 지금은 그러지 않는다. 그리고 다행히 나는 하고 싶은 게 아직도 참 많다. 지금 이 순간에도 꿈꾸기를 멈추지 않아서인지 사는 게 재미있다."

남에게 휘둘리지 않고 나를 지키며 주어진 삶을 후회 없이 사는 삶이 책에 담겨 있다. 침대에 누워 병을 원망하고 세상을 원망하며 지냈다면 지금의 그녀는 없었을 것이다. 하나의 문이 닫히면 또 하나의 문이 열린다. 그러니 더 이상 고민하지 말고 그냥 재미있게 살아라! 앞으로 병이 다시 악화되어 책을 더 이상 쓸 수 없게 되더라도 그녀는 그때 할 수 있는 일들을 다시 찾아서 하면서 재미있게 살고 싶다고 말한다.

당신은 어떻게 나이 들고 싶은가

어떤 이유로든 꿈꾸기를 포기하지 않고 꿈을 꾸는 사람에게 세상은 미처 보지 못한 새로운 모습을 보여줄 것이다. 당신이 이에 감탄한다면 무의미한 오늘이 신나고 재미있는 하루가 될 수 있다. 가보지 않으면 모르는 게 인생이고, 끝까지 가봐야 아는 게 인생이다.

후회가 없는 삶을 사는 많은 비결 중에서도 반드시 꼭 신경 써야 하는 것이 건강이다. 요양병원에서 죽음을 기다리는 대부분의 환자들은 젊어서 건강을 잘 지키지 않고 무절제한 삶을 살았던 사람들이 태반이다. 술과 담배, 불규칙한 생활 습관, 부정적인 생각 등 다양한 원인을 가지고 있다. 그분들과 대화하다 보면 하나같이 지난날을 후회한다. 아무리 금은보화가 많고 물질적으로 풍요로워도 건강하지 못하면 행복하지 않다. 병치레하며 오래 살면 행복은커녕 가족들과 주변 사람들조차 괴롭게 된다.

"나이 일흔이면 아직 어린아이에 불과하고 여든이면 청년이다. 아흔이 돼 하늘의 부름을 받거든 100세까지 기다려달라고 돌려보내라. 우리는 나이가 들수록 의기가 성해지고 자식들에게 기대지도 않는다." 일본 오키나와현 북부의 세계적인 장수촌 오기미 마을 앞에 서 있는 비석에 새겨진 글이다. 소식과 절제된 음식, 일하는 생활 습관이 장수의 비결이라 할 수 있겠지만, 그들은 나이 들어서도 일하고 몸을 움직인다.

세계에서 가장 장수하는 곳은 카스피해 사이에 있는 코카서스 지방이다. 코카서스산맥의 중턱 고도 1,000~2,000m에 있는 이곳엔 100세를 웃도는 사람들 대부분이 노동 강도가 세 보이는 농업에 종사하고 있다. 장수인들은 4~5대가 함께 모여 살면서 음주와 가무를 즐긴다. 이들은 밤 10시쯤 잠자리에 들며 아침 5시면 일어난다. 그들은 사냥하는 등 많이 걷는다.

두 나라의 공통점은 모두 몸을 움직이고 일을 한다는 것이다. 건강한 삶을 누리려면 일을 해야 한다. 일이 있고 움직여야 건강할 수 있다. 무슨 일을 하든 자기에게 맞는 일을 찾아서 해야 후회가 없는 삶을 산 것이다. 매일 앉아서 받아만 먹는 삶은 정신 건강에도 안 좋다.

이제 수명 100세 시대가 활짝 열렸다. 진정한 장수는 병실에 누워 100년을 사는 게 아니다. 건강을 유지하고 삶의 품격을 지키며 사는 것이다. 늙는다는 것은 누구나 두려운 일이다. 법정스님은 "늙음이나 죽음이 아니다. 녹슨 삶이다"라고 하셨다. 삶이 있는 동안 건강하게 지낼 수 있도록 끊임없이 우리 생활을 가꿔야 한다. '골드 인생' 최고의 비결은 최선을 다한 후회 없는 삶에 있다.

핑계 대지 말고
그냥 도전하라

'핑계!' 이 소리만 나오면 움찔하게 된다.

예전에는 무엇인가 해보고 싶은 게 있으면 대책 없이 앞뒤 가리지 않고 해보다가 실패하면 이런저런 면목 없는 핑계를 대면서 뒤로 물러나기도 했다. 이래서 안 맞았고 저래서 안 맞았다 하면서…. 그때부터 무슨 일이든지 핑계 대지 말고 좀 더 최선을 다하지 못했던 것이 후회스럽기도 하다. 그때는 아마 실패해도 돌아갈 구석이 있어서 그랬던 것 같다. '내가 이것 아니면 굶어 죽는다' 하는 절박함이 없어서 그랬을 수도 있겠고, 아니면 막상 해보니 자기가 상상하고 원했던 일이 아니어서 쉽게 그만두지 않았나 하는 생각도 든다. 어쩌면 제일 큰 문제점은 내가 끈기가 부족해서일 수 있다.

그러나 지금의 나는 많이 바뀌었다. 무엇이든 끈기 있게 하고 쉽게 포기하지 않는다. 지금의 나에게는 다가오는 모든 도전과 경험을 즐길 것이라는 확고한 자세가 자리 잡고 있기 때문이다. 이런 마음 자세로 살아가기 때문에 하고 싶은 것이 있을 땐 두려움 없이 도전하고 본다.

내가 아는 48세의 G씨도 수많은 역경과 고난 속에서 성공과 실패를 거듭하다가 지금은 편의점 세 개와 PC방 두 개를 운영하고 있다. 모두 아르바이트생을 거느리고 운영하고 있으며, 먹고사는 데 지장이 없는 지금도 돈이 될 만한 사업거리들을 찾아 나서고 있다. 꾸준한 성장을 꿈꾸는 그에겐 보통 사람들이 가지고 있는 마인드와는 다른 뭔가가 있어 보인다.

실패해도 굴하지 않고 오뚝이처럼 벌떡 일어나는 그의 불굴의 정신이 오늘의 그를 있게 한 것 같다. 돈에 대해 부정적인 생각을 가졌던 옛날 같았으면, 먹고살 만한데도 저렇게 또 돈 벌 궁리를 한다고 돈독이 올라 있는 사람이라고 흉을 볼 수도 있겠지만, 지금은 그런 그의 마인드를 높이 사고 있다.

반대로 50세의 M씨는 경기 침체로 사업이 어려워지자 사업체를 접고 체인 음식점을 했으나 그것도 두 번이나 실패하게 된다. 그 후, 모든 도전을 접고 말끝마다 자신은 초운은 좋아서 사업으로 돈을 많이 벌었지만, 중년부터는 운이 별로 없어서 복이 없다 하더라. 그냥 집에서 가만히 있는 게 도와주는 것이라고 하더라며 철학관 말만 철석같이 믿고, 아무런 노력과 도전도 안 하고 백수 생활을 하고 있다. 실패가 두려워 희망까지 포기하고 살아가는 M씨가 측은하게 보인다.

끈기가 없고 나약한 사람들이 이런저런 핑계를 늘어놓을 동안에 성공을 꿈꾸는 자들은 실패를 통해 얻은 교훈으로 자신의 어떤 부분이 잘못됐는지, 어떤 부분이 제대로 되지 않았는지 꼼꼼히 체크하고 앞으로 어떻게 행동을 바꿔야 할지 다시 전략을 세워나간다.

우리가 무언가에 숙달하는 데는 오랜 시간이 걸린다. 말콤 글래드웰은 어떤 일에 숙달하는 데 적어도 1만 시간을 집중해야 한다고 했다. 우리가 성공과 실패를 오가며 쌓은 경험들도 숙달되어 포기만 하지 않고 간다면 반드시 언젠가는 빛을 발해 원하는 성공을 가질 수 있을 것이다. 어려운 순간에는 누구나 '실패'의 두려움에 '포기'할까 생각할 수 있다. 꿈이 있는 자라면 이런 이유나 핑계로 쉽게 포기하지는 않을 것이다. 끝까지 해보지도 않고 몇 번 실패했다고 인생 전체를 포기해서는 안 된다.

지인의 아들 이야기다. 그는 회사에서 받는 스트레스와 같은 기수에 비해 승진도 안 되자 부모에게 회사 일이 자기와 맞지 않는다며 온갖 핑계를 늘어놓다가 결국 회사에 사표를 내고 말았다. 부모에게 많은 꾸지람을 들은 후, 퇴직금과 부모의 도움으로 피자 가게에 도전했다. 이것도 시간이 조금 지나자 자기 시간이 너무 없고 많은 피자 가게들과의 경쟁으로 힘들다며 또 다른 핑계를 대면서 포기하고 싶어 한다고 부모를 걱정하게 만든다.

이와 비슷한 케이스들이 요즘 너무나 많다. 장사를 해보겠다고 창업을 시작해놓고는 1년도 해보지도 않고 경기 침체 및 여러 이유로 장사가 좀 안된다 싶으면 아무 생각 없이 폐업을 생각하거나 업종을 바꾸려고 한다. 포기가 너무 쉬운 시대인가 하는 생각도 해본다. 그들의 이유를 들어보면 정말 핑계 아닌 핑계가 많다. 각자에게는 포기의 한계점이 있을 텐데, 그 한계점까지 가지도 않고 바로 포기하는 것 같아 가끔은 안타깝기까지 하다. 성취감을 맛보기 위해 어려움이 있더라도 끝까지 한번 도전해보는 정신도 필요하다. 우리 눈에 지금 당장 보이지는 않지만, 바로 한 발자국 앞에 성공이 기다리고 있을지도 모르니 쉽게 포기하지 말아야 한다.

"포기하는 순간 핑곗거리를 찾게 되고, 할 수 있다 생각하는 순간 방법을 찾는다." KBS 드라마 〈낭만닥터 김사부2〉에서 김사부가 한 대사다.

살아가면서 결정을 해야 하는 순간에 이미 자신의 마음이 포기에 가까우면 그때부터 온갖 핑곗거리를 생각해낸다. 하지만 '괜히 결정 잘못해서 내가 책임을 져야 하면 어떡하지?' 하는 불안한 마음보다 '어떻게 하면 가장 좋을까?', '어떻게 해결할까?' 하는 방법을 먼저 생각하는 것이 좋을 것 같다. 다양한 문제들을 다양한 방법으로 해결하고자 마음먹으면 나에게 맞는 효율적인 방법들이 생겨날 수 있다. 그래서 일단은 핑계 대지 말고 그 일에 도전해보자. 속담에 '핑계 없는 무덤이 없다'라는 말이 있다. 이 말은 우리가 살아가면서 경험하는 모든 것에 핑계를 만들려면 얼마든지 만들어낼 수가 있다는 의미다.

하지만 매사 핑계를 만들면서 살아가는 이류인생은 그야말로 불쌍한 삶이다. 그런 핑계도 자꾸 하다 보면 습관처럼 된다. 핑계는 되도록 멀리하고 우리가 행한 모든 행동에 늘 책임지겠다는 각오로 임해야 삶의 주인공이 될 수 있다. 우리가 그렇게 해야 하는 이유는 그것이 자신의 삶이기 때문이다. 새로운 해결 방법을 찾는 것은 즐거운 삶의 놀이터다.

살다 보면 정말 많은 사람들이 핑계를 대고 산다. 그런 사람들은 말만 했다 하면 핑계라 믿음이 안 가고 신뢰가 쌓이지 않는다.

내 주변 사람의 얘기를 잠시 해보겠다. 결혼한 지 18년 된 40대 후반의 부부다. 남편의 사업이 5년 전에 망하면서 남편은 지금까지 돈한 푼 벌지 않고 매일 술만 마시고 살고 있다. 술에 찌들어 하루 한끼 먹으면 많이 먹는 거라고 한다. 아내가 퇴근해서 집에 돌아오면 가끔은 라면을 끓여 먹고 치우지도 않고 술병과 함께 나뒹굴어 있다고 한다. 남편은 심각한 알코올 중독 상태까지 갔으며, 초기에는 병원에서 치료도 받고 조금 낫는 듯한 느낌도 받았지만, 갈수록 집 안 구석구석에 술병이 숨겨져 있었으며 술의 유혹을 결국 못 이겨내 수저를 잡을 때 손까지 떨고 있다고 한다.

지금도 아내가 힘들게 벌어온 돈으로 집 주변 가게마다 외상을 달아놓고 술을 가져온다고 했다. 널브러져 아무 일도 하지 않는 남편을 보고 있는 아내는 분노가 치밀어 올라 도저히 못 참겠다며 이혼을 생각하고 있다. 하지만 남편은 여태껏 자기가 벌어온 돈으로 잘 먹고 잘 살았으니 지금은 신용 불량자가 된 자기를 이해해주고, 다독거려줘야지, 매일 바가지만 긁는다고 불만을 늘어놓았다. 사회 전반적 경기 침체로 취직은 더 어려워져 하고 싶어도 못 하는데, 왜 그런 자기 마음을 이해 못 해주느냐는 나름 자기의 핑계를 대는 것이었다. 일하지 못해서 술을 먹는다는 남편의 말에 아내는 화를 내면서 술을 매일 먹으니 일하지 못하는 것이다, 어디 가서 막노동이라도 해야 하지 않느냐며 또다시 핀잔을 준다.

핑계를 만들려면 모든 일, 모든 상황에서 만들어낼 수 있다. 결국은 책임을 지고 싶지 않다는 마음이 내면 깊숙이 들어 자꾸 핑계를 대는 것이 아닌가 생각한다. 잘되어도 내가 책임지고, 잘못되어도 내가 책임지겠다는 마음가짐을 가진다면, 자신이 원하는 일에 도전해보려는 용기도 생길 것이다. 우리는 우리 삶의 주인공이다. 핑계만 대다 보면 결국 우리 삶은 핑계라는 쓰레기더미에 파묻혀 그곳이 무덤이 될지도 모른다.

4장

내일 죽을 것처럼 오늘을 살라
영원히 살 것처럼 꿈꾸고

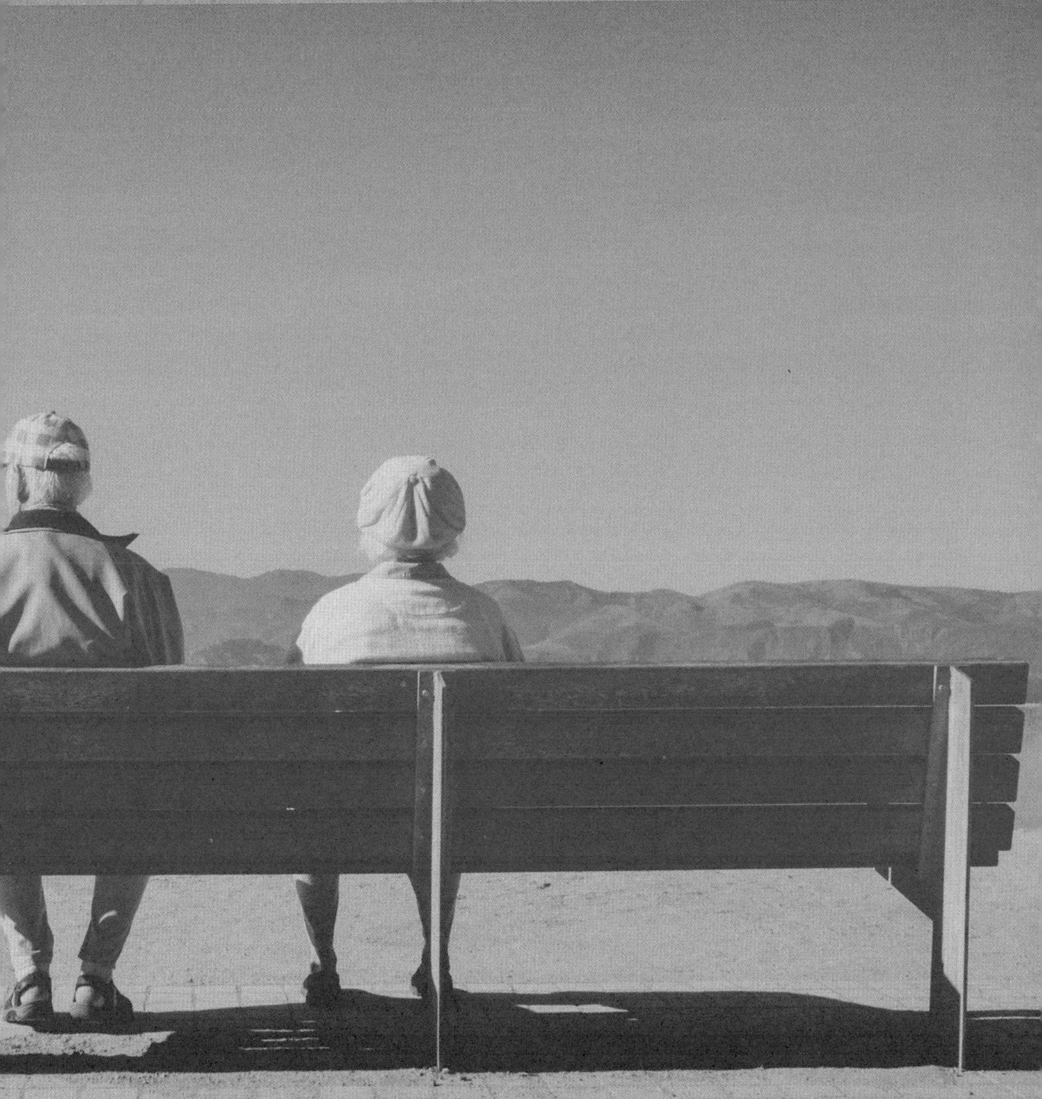

나이 들면서
가벼워지는 것들

나이 들면서 욕심과 욕망만 내려놓아도 모든 것들이 다 가벼워진다. 마음의 무거운 짐을 내려놓고 삶의 속박에서 조금만 벗어나도 내 영혼은 자유로우며 몸과 마음 전체가 가벼워진다.

"아, 삶이란 일장춘몽이구나!" 노년들은 이 말에 더욱 공감할 것이다. 세월의 덧없음에 허망해 눈물 흘리는 이도 있을 것이다. 이토록 허망한데 물질에 대한 욕망을 버리지 못하고 지금껏 살아오지 않았는가?

비우면 가벼워지고 인생이 자유로워진다는 것을 알면서도 우리는 욕심 때문에 물질에 갇혀 자유롭지 못했다. 너나 할 것 없이 물질을 좇아서 살아왔다. 그러나 우리는 실버들이다. 현실을 직시하고 살아야만 한다. 우리는 언제 이 지구별을 떠나 본연의 고향으로 돌아갈지 모른다. 그래서 무겁게 생활하지 말고 후회가 남지 않도록 즐겁게 살아야 한다. 행복이 넘칠 때까지 행복할 거리를 만들고, 사랑이 넘칠 때까지 사랑하고, 목젖이 보일 때까지 배꼽 빠지게 웃다 보면 우리 삶 자체가 새털구름만큼 가벼워진다.

도반의 K씨는 70대 초반으로, 마음 공부를 계속해오신 분이다. 언제 맞이할지 모르는 죽음을 대비해 매일 참회와 반성의 일기를 쓰고 있다. 읽다 보면 유서 같기도 하고 시집이나 수필집 같기도 하고, 아무튼 그날 하루를 반성하고 자신의 마음 상태에 따라 일어나는 생각들을 적고 있는데, 굳건하고 흔들림 없는 그의 모습이 존경스럽다. 매일 그렇게 반복적인 일들을 꾸준하게 하기가 쉽지는 않을 텐데, 일기를 쓰면서 세상의 미련들을 조금씩 내려놓고 있는 모습이 참으로 좋아 보인다.

노년기는 삶의 끝자락을 아름답게 하나씩 접는 시기다. 그동안 품고만 있었던 마음의 짐과 걱정을 내려놓아야 한다. 이것만 내려놓아도 한결 마음이 가벼워지고 세상에 미련도 덜 가지게 된다. 미련 없이 자신을 떨쳐내고 때가 되면 언제든지 갈 마음의 준비를 하는 사람의 모습은 거룩하게까지 보인다. 젊은 시절은 재산을 모으거나 지위를 얻는 경쟁 관계 속에서 이루어진 무거운 삶이었다면, 노년은 그런 마음의 짐을 내려놓아야 한다. 찌들고 지쳐서 뒷걸음치는 일상의 삶에서 자유로움을 얻으려면, 부단히 자신을 비우고 버릴 수 있는 결단과 용기를 가져야 한다.

지족상락(知足常樂). 만족할 줄 알면 인생이 즐거운데, 탐욕, 노탐(老貪)과 오욕이 뭐기에 우리의 인생 말년도 망치곤 하는지 모르겠다. 보지 않아도 좋은 것은 보지 말라고 우리의 시력은 점점 어두워지고, 듣지 않아도 좋은 것은 듣지 말라고 우리의 청력은 가물가물해지고, 말하지 않아도 좋은 것은 말하지 말라고 늙으면 말수가 적어지고, 먹지 않아도 좋은 것은 먹지 말라고 식욕이 떨어지는 것 모두가 신의 섭리 아니던가. 마음을 비우면 가벼워지는 것을, 무엇을 얻고자 함인가. 무엇을 갖고자 함인가. 돈이나 재산, 지위와 명예 더 욕심내지 말고 이제는 다 잊고 살자.

우리 생활 속에서 생각만으로도 저절로 가벼워지는 것이 참으로 많다. 마음 한 번만 바꿔 먹으면 만사가 근심 없는 생활이다. 그냥 "고맙다, 감사하다" 이런 말을 입에 달고만 살아도 내 일상이 가볍다. 예를 들어, 몸이 안 좋아 장기간 병원에 입원해 있다가 퇴원만 해도 근심 걱정이 사라지면서 몸과 마음이 다 가벼워진다. 간단하게 해야 할 일들을 마무리만 해도 몸과 마음이 가벼워진다. 자신이 짊어진 일에 대한 중압감과 무게감을 조금만 내려놓아도 가벼워진다. 받고 있던 스트레스를 스트레스가 아니라고 생각만 바꿔먹어도 스트레스가 훨씬 가볍게 느껴진다. 시험이 끝나도, 걱정하던 돈 문제만 해결되어도, 뻥 뚫리는 듯한 느낌을 받으면서 가벼워진다. 이런 사소하게 가벼워지는 것들에 대한 감사한 마음만 가져도 모든 일상이 다 가벼워진다.

소설가 박경리 씨와 박완서 씨의 노년에 관한 내용이 있어 적어본다.

박경리 씨는 운명하기 몇 달 전 이렇게 말했다고 한다. "다시 젊어지고 싶지 않다. 모진 세월 가고…. 아아… 편안하다. 늙어서 이렇게 편안할 것을… 버리고 갈 것만 남아서 참 홀가분하다."

노년의 박완서 씨가 썼던 글은 이렇다. "나이가 드니 마음 놓고 고무줄 바지를 입을 수 있는 것처럼 나 편한 대로 헐렁하게 살 수 있어서 좋고 하고 싶지 않은 것을 안 할 수 있어 좋다. 다시 젊어지고 싶지 않다. 하고 싶지 않은 것을 안 하고 싶다고 말할 수 있는 자유가 얼마나 좋은데, 젊음과 바꾸겠는가. 다시 태어나고 싶지 않다. 난 살아오면서 볼 꼴, 못 볼 꼴 충분히 봤다. 한 번 본 거 두 번 보고 싶지 않다. 한 겹, 두 겹 어떤 책임을 벗고 점점 가벼워지는 느낌을 음미하면서 살아가고 싶다. 소설도 써지면 쓰겠지만 안 써져도 그만이다."

두 분은 한국 문단을 대표하는 여류 소설가였다. 그러면서도 조용한 시골집에서 행복하게 삶을 마감했던 분들이다. 두 분의 삶을 보면서 상선약수(上善若水)라는 말이 떠오른다. 가장 아름다운 인생은 물처럼 사는 것이란 뜻이다. 이처럼 인간의 삶을 진지하게 표현한 말도 없을 듯하다. 흐르는 물처럼 남과 다투거나 경쟁하지 않는 삶을 살며 만물을 길러 주지만, 자신의 공을 남에게 과시하려 하거나 절대 다투지 않는 상선약수처럼 초연한 삶을 살고 싶은 것. 이런 삶이 우리의 소망이 아니겠는가.

말년의 두 분은 이렇게 나이를 먹어야 한다고 조용한 몸짓으로 깊은 말을 해주었다. 박경리 씨는 원주 산골에서, 박완서 씨는 구리의 시골 동네에서 흙을 파고 나무를 가꾸면서 빛나는 노년의 침묵을, 행복을 가르쳐주었다.

천천히 걸어도 빨리 달려도 오직 한 세상뿐인 것, 그래서 일생이라고 한다. 우리는 더러는 짧게, 더러는 조금 길게 살다가 원래 가야 할 곳으로 모두 떠나간다.

'공수래공수거(空手來 空手去)'의 마음으로, 큰 욕심을 버려야 한다. 물질의 노예로 살면 결코 행복한 노년을 보낼 수 없다. 움켜쥔 것을 조금만 내려놓으면 마음이 가벼워져서 자유롭고 재미있는 삶이 된다. 그저 자신의 내면을 채우는 넉넉함만 가지면 된다.

우리의 인생, 잠시 소풍 왔다 가는 것이기 때문에 너무 억척스럽게 살 필요는 없다. 그저 순간순간을 기쁘고 즐겁게 최선을 다해 가벼운 마음으로 살아간다면, 그 삶 자체가 내가 일생 중에 최고로 잘 만들어 내어놓은 나의 걸작이 된다.

나이 들어서 하는 공부가
진짜 공부다

영국의 극작가 버나드 쇼는 "배움을 그만둔 사람은 20세든 80세든 늙은 것이다"라고 말했다. 사람이 집에만 있으면 생활의 활력을 잃어 금방 늙게 된다. 나이가 들어서가 아니라 공부를 하지 않아서 늙는다.

나이를 얼마나 많이 먹었든지간에 사람은 더욱 나은 미래를 꿈꾸며 앞으로 나아가기를 꿈꾼다. '어제보다 나은 오늘, 오늘보다 나은 내일'을 꿈꾼다. 현 상태에 머물러 있거나 뒤로 퇴행하고 싶어 하는 사람은 아무도 없다. 인간은 살아가는 동안은 어떤 형태로든 계속 배워야 한다. 인간에게는 조금씩 계속해서 성장해가려는 마음이 내재해 있다는 것도 알아야 한다. 미국의 자동차왕 헨리 포드는 "계속 배우는 사람은 언제나 젊다"라고 했다. 무엇이든 배우려고 하는 사람은 실제로도 젊다. 그러나 우리 주변에는 자신의 내적 성장은 뒤로하고 온갖 잡다한 화젯거리를 일삼으면서 하루하루를 소비하는 사람들이

당신은 어떻게 나이 들고 싶은가

많다. 나이 들수록 배움이라는 '지적 저금'을 확실히 쌓아두지 않으면 노년의 삶은 뒷방 늙은이로 전락해버린다.

지금은 격변의 시대다. 안일하게 나이만 먹으면서 황금 같은 귀한 시간을 허비해서는 안 된다. 나이와 상관없이 우리는 공부를 해야 한다. 오히려 나이 들어서 하는 공부가 진짜 공부다. 마음 공부가 필요한 사람은 마음 공부를, 자기계발이 필요한 사람은 자기계발에 관한 공부를, 돈이 절실히 필요한 사람은 돈 공부를, 자격증을 따야겠다고 생각하는 사람을 자격증 공부를 하는 등 그 어떤 공부라도 좋다.

내 지인 두 명의 예를 들어보겠다. 아직은 사회로 나가 진취적인 일을 해도 될 만한 51세의 P씨는 항상 입으로는 뭔가를 배워야겠다는 말을 자주 하지만, 행동으로는 전혀 실행하지 않는다. 잠시 뭔가를 해보고 싶다는 마음이 들다가도 '나이 먹고 인제 와서…'라는 생각에 지배당해 금방 포기하고 만다. P씨에게 여러 가지 배울 수 있는 것들을 권해보면, 이건 이래서 적성에 안 맞고, 저건 저래서 적성에 안 맞는다며 한 번도 시도해보지 않고 미리 결론을 내버리곤 한다. 스스로 뭔가를 해보고 싶다는 확고한 마음을 세우지 않고는 아무것도 이루어지는 것이 없다.

반대로 같은 나이의 R씨는 늦은 나이지만 여러 자격증을 따고 있다. 평생 일을 해야 하기에 그중에서도 자신이 제일 재미있고 즐기면서 할 수 있는 것을 경험을 통해 고르고 있다. 뭔가에 도전하는 사람은 진취적이라 멋있게 보인다.

계속 뭔가를 배우는 사람은 언제나 젊은이라는 생각을 가지면서 자기가 하고 싶었던 진짜 공부를 지금부터라도 해보면 좋겠다. 진짜 공부는 나이 들어서 하는 공부다.

나이 듦은 모든 생명의 숙명이지만, 자기 노력에 따라 나이에 대한 의식, 나이를 먹는 모습은 얼마든지 변화시킬 수 있다. 그렇게 할 지혜를 지닌 것이 인간이다. 배움을 다시 삶의 일부로 삼으면 스스로 놀랄 정도로 활기차고 충실한 나날을 보낼 수 있다. 배움이란, 인생을 '적극적으로' 살아간다는 말과 마찬가지이기 때문이다. 가능한 한 나이를 먹기 전부터 앞으로의 인생을 채워줄 배움을 미리 찾아두고, 한 발 앞서 그 방향으로 걸음을 내디딜 수 있다면 나이 들어서도 충실하고 빛나는 하루하루를 보내게 된다.

호사카 다카시의 《50부터 시작하는 진짜 공부》를 보면 "지금이 진짜 원하는 공부를 할 수 있는 최고의 시간이다"라고 했다.

요즘 장년층은 옷차림도 세련되고 인터넷과 스마트폰도 열심히 사용하며 우리 사회 전방위에서 활발하게 새로운 시니어 문화를 이끌고 있다. 이런 '액티브 시니어'가 가장 큰 열정을 가지고 몰두하는 게 진짜 공부, 배움에 대한 열정이다. 나이 들어서 정말로 알고 싶었던 것, 젊었을 때 하지 못했던 꿈을 위해 다시금 여유롭게 공부하면서

당신은 어떻게 나이 들고 싶은가

하루하루 삶의 깊이를 더해가는 것, 그것이야말로 진정한 즐거움이자 인간적 성숙을 불러오는 삶의 최고의 가치라고 여기기 때문이다. 《50부터 시작하는 진짜 공부》는 다양한 시니어들의 모습을 조명하면서 장년층에게는 배움의 진정한 효용을 알려주고 아직 그 시기에 도달하지 않은 사람들에게는 미리 공부의 즐거움을 맛볼 수 있게 도와준다.

나이 들어서 시작하는 배움은 어찌 됐든 즐겁다. 똑같은 배움이라도 젊었을 때는 '지식'을 아는 것이고, 나이 들어서는 단순한 지식을 뛰어넘어 인생을 풍요롭게 채우는 '지혜'를 익힌다고 할 수 있다. 지식은 여러 가지를 아는 것이다. 그 지식을 살려 더욱 깊이 느끼거나 생각할 수 있게 되는 것이 바로 지혜다. 지식이 지혜로 깊어지려면 나름대로 쌓아온 인생 경험이 필수다. 오랜 인생을 살아온 지금이야말로 자기가 정말로 좋아하는 것과 하고 싶어 하는 일을 확실히 알게 된다. 나이 들어 시작하는 공부가 이토록 즐거운 이유는 진짜 원해서 배우기 때문이다. 그런 의미에서 50, 60대는 공부를 위한 최고의 시기다. 수입, 지위, 재산에 대한 욕심에서 벗어나 순수하게 배우고 싶은 것만을 공부할 수 있으니 이보다 더 행복한 일이 또 어디 있겠는가.

액티브 시니어란, 젊을 때만큼은 아니더라도 기력과 체력이 아직 충만해 적극적으로 인생을 발전시키고자 하는 의욕이 흘러넘치는 시기에 해당한다. 사람에 따라 다르겠지만, 나이 먹기 전에 다시 한번 꿈이나 삶의 보람을 찾아보며 새로운 인생 무대의 주인공이 되고자 하는 적극성이 엿보인다. 이런 액티브 시니어들의 커다란 관심사 중 하나가 배움이다. 대학에서 공부하는 늦깎이 학생이 늘고 있다는 사실이 이를 상징적으로 보여준다.

나이 들어 시작하는 배움은 인간성의 성장과 성숙이 진정한 목적이다. 배움을 통해 해당 분야의 심오함과 폭넓은 다양성을 이해하고, 이를 평소 생활의 사고방식에 도입해서 심사숙고할 줄 아는 인간성을 키워나간다. 배우면서 알게 된, 이제까지 만난 적이 없던 사람을 통해 세상에는 다양한 사람이 각자의 가치관과 방식으로 살아가고 있다는 사실을 실감하며 자기 자신의 울타리나 그릇을 넓혀가야 한다. 이역시 나이 들어 시작하는 배움의 커다란 효용이다. 우리에게는 인생을 살아오면서 쌓아온 지식과 경험이라는 많은 재산이 있다.

꿈이 있고 목표가 있는 사람은 끊임없이 뭔가를 공부한다. 그래서 일까? 그들의 눈동자는 살아 있고 늘 희망적이다. 나 역시도 아마 나이를 더 먹어도 배움의 끈은 놓지 못할 것 같다. 왜냐하면, 나 또한 배우는 즐거움을 알고 있기 때문이다. 주변을 둘러보면 배울 것들이 너무 많다. 이 지구별 자체가 배움의 장터이기 때문이다. 지혜로운 분들은 우리에게 배우기를 멈추지 말 것을 권한다. 인생의 완성을 만들어가는 참다운 배움의 기술, 그것이야말로 진정한 즐거움이자 인간적 성숙을 불러오는 삶의 최고의 가치다. 배움이야말로 하루하루를

당신은 어떻게 나이 들고 싶은가

마음이 가득히 채워지는 날로 만들어주는 가장 확실한 방법임을 잊지 말자.

　액티브 시니어의 배움에서 가장 중요하게 여기는 것은 다름 아닌 재미다. 아무리 좋은 것이라도 재미가 없으면 금방 흥미를 잃게 되어 오래가지 못한다. 한번 시작한 액티브 시니어들의 공부는 잘 멈추지 않는다. 늦게 배운 도둑이 날 새는 줄 모른다고 그들은 자신이 원하는 공부의 재미에 흠뻑 빠져 사업을 성공으로 이끌기도 한다.

　그들은 젊음을 부러워하지도 않는다. 아쉬워하지도 않는다. 그들만이 지닌 고유한 품위를 내려놓지 않기 때문이다. 배움에서 원하는 것들만 얻어낸다.

　최근 들어 많은 사람이 나이와는 상관없이 자신의 배움을 위해 열심히 여기저기 배울 만한 곳을 찾아서 헤매고 있다. 좋은 현상이다. 스펙에 안주할 수 있는 시대는 이미 지났다. 스펙이 나를 돋보이게 하는 시대가 아니다. 남들과 차별화된 경험을 쌓고 차별화된 일을 해나가야 하는 시대다. 자신만의 독특한 아이템으로 어떤 일이든 창조해나가야 하는 시대다. 이렇게 계속해서 공부해나가야만 즐겁고 신나게 자신의 옳은 삶을 살아가게 될 것이다. 인생의 즐거움과 결실을 위해, 지금 현재 당신은 무엇을 배우고 있는가?

후반기 공부가
진짜 공부다

인생의 후반기를 미리 준비하는 사람은 매우 현명한 사람이다. 그리고 뜻하지 않게 중년인 사람도 덩달아 공부 열풍이 불어 지금 대한민국은 온통 미래를 위한 자기계발 공부에 열중하고 있는 것도 사실이다. 격변하는 시대에 일어나는 생존 혁명이라고까지 할 정도이니 말이다.

옛날 같으면 노년이 되면 자연스럽게 퇴직하고, 남은 인생 편하게 주어진 소일거리나 하면서 살아가고 했는데, 지금 그렇게 살아가면 굉장히 위험하다.

인간의 수명은 늘어나서 100세까지 산다고 말하고 있다. 이것은 축복인가, 재앙인가? 만약 50대 후반이나 60대 초반에 퇴직해서 살아간다면 남은 기간, 무엇을 하면서 보낼지 상상해보았는가? 지금 인

당신은 어떻게 나이 들고 싶은가

생 후반기에라도 공부를 게을리한다거나 아니면 아예 공부조차 하지 않고 있는 사람이라면 생각을 달리해야 할 것이다. 아무것도 제대로 시도해보지도 못하고 세월이 이끄는 대로 이리저리 떠밀려서 살다가는 어느덧 역사의 저편으로 사라지게 될 것이다.

40대 때부터 공부를 제대로 해 변화와 혁신에 성공하게 되면, 50대 이후 은퇴했을 때 자신의 제2의 인생을 한결 수월하게 보낼 수 있다. 지금은 30대 후반부터 인생 2막을 준비하는 사람들이 많다. 그만큼 직장은 나를 지켜주는 울타리가 아니라는 것을 미리부터 알고 있기 때문일 것이다. 그리고 요즘 젊은 친구들은 더 높은 꿈을 가지고 있다. 1인 창업 시대이고 추구하고 싶은 뭔가를 찾아 끊임없이 도전하면서 자신만의 능력을 보여주려고 한다.

미래를 위해 일찍부터 준비하는 사람은 매우 현명한 사람이다. 늦게 공부를 시작하면 마음이 쫓기듯이 하고, 그만큼 다른 사람들과 비교하는 자신 때문에 더 안절부절못할 수도 있다.

지인 H씨의 경우, 퇴직 후 미래를 위해 아내와 틈나는 대로 퓨전 레스토랑 경영에 관한 공부를 하고 있다. 차 종류를 좋아하고 만드는 것을 좋아하는 H씨는 퇴직 후 자신만의 스타일로 도시 근교에 사놓은 땅에 멋있는 레스토랑을 지을 것이라고 한다. 가족과 함께 나들이 오면 예쁘게 가꾼 정원에서 마음껏 뛰놀 수 있는 작은 놀이터도 만들고, 하루를 묵고 가도 될 정도의 아담 사이즈 향토방도 여러 동 만들고, 커피를 마실 수 있는 세련된 공간도 만들고, 피자와 파스타, 갓 구운 빵, 커피를 마시면서 담소를 나눌 수 있는 그런 건물을 짓겠다고 했다.

많은 사람들이 자주 찾아올 수 있도록 독특하게 건물을 잘 짓고 자신들만의 차별화된 빵과 파스타를 만들어내기 위해 지금도 계속 공부하며 연구 중이다. 무엇을 하든 도전하고 공부하는 사람은 아름다울 수밖에 없다. 그리고 그들은 빛나 보인다.

인생에서 육체적으로 가장 최고의 상태가 유지되는 것은 20대일 것이다. 반면 가장 지적·정신적으로 최고의 상태가 유지되는 시기는 언제일까? 이 질문에 대한 해답의 실마리를 발견할 수 있는 귀한 책이 바로 《가장 뛰어난 중년의 뇌》이다. 저자인 바버라 스트로치는 가장 중요한 결정을 중년에게 맡겨야 한다고 역설하고 있다. 중년일 때의 뇌가 가장 똑똑하고, 가장 침착하고, 가장 행복하고, 현명하기 때문이라 말한다. 이 시기가 인생에서 가장 뛰어난 직관력과 통찰력을 가지고 있는 시기라서 그렇다고 한다. 인생 후반기의 번영과 성공을 결정짓는 시기는 40대라고 한다. 그래서 이 시기에 자신의 미래를 위해 확고한 선택과 준비를 하는 것도 좋을 것 같다.

후반기 공부가 진짜 공부인 이유는 바로 자신이 진정으로 원해서 하는 공부이기 때문이다. 누가 권해서 하는 공부가 아니기에 배운다는 행위가 가져다주는 기쁨은 이루 말할 수 없을 정도로 크다. 내 인

당신은 어떻게 나이 들고 싶은가

생의 후반기를 잘 맞이하기 위해 미리 공부하는 사람은 참 행복한 사람이다. 그리고 배움의 기쁨은 삶을 충만하게 채워준다.

인생 2막을 위해 미리 공부를 시작하는 그들의 눈은 기쁨으로 충만하고 항상 빛나고 열정적이다. 배움을 향한 열정이야말로 사람을 빛나게 해주는 것 같다. 소년이 배우는 것은 해 뜰 때의 별빛과 같고, 장년에 배우는 것은 한낮의 햇빛과 같으며, 노년에 배우는 것은 촛불의 밝음과 같다고 했다.

간혹 개중에 공부해야 한다고 말하면, 나이 들어 무슨 공부냐고 오히려 공부하는 사람들에게 핀잔을 주거나 지금 공부해서 뭐할 거냐고 말하는 사람들이 간혹 있다. 아무 소용도 없는 곳에 에너지 소비를 한다고 하면서 그 시간에 그냥 재미있게 놀라고 말한다. 틀린 말이 아닐 수도 있다. 그러나 노는 것만이 최선의 행복은 아니다. '열심히 일한 자 떠나라!'라는 카피 문구가 있다. 열심히 일한 후에 갖는 휴식이야말로 최고의 휴식일 수밖에 없다. 가치 있는 일을 한 후 받는 보상과도 같은 휴식이기 때문에 더 그렇다. 앞으로 5~10년이 더 지난 후, 지난날을 되돌아보면서 "내가 10년 전에만 미리 준비하고 공부를 했더라면…" 하고 후회하고 있을지도 모른다.

평균수명 70~80세쯤 되던 시대에는 은퇴 후 모든 삶에 억압에서 풀려나 마음껏 여가생활을 즐기면서 살았겠지만, 지금은 100세를 훌쩍 넘게 사는 시대인 것을 분명히 인지해야 한다. 삶의 패러다임이 완전히 달라져야만 시대에 발맞추어 살아갈 수 있다.

자격증 취득은 아무것도 아니다. 그것은 시작에 불과하다. 무덤에 들어갈 때까지 공부해야만 하는 시대다. 경쟁력과 성공의 척도는 지식, 정보력, 네트워크를 얼마만큼 가지고 있느냐에 달려 있다. 우리는 죽을 때까지 공부해야만 한다.

지능, 인지 능력, 활력, 그리고 수준 높은 삶의 질을 유지하기 위해서라도 공부해야 한다. 다양한 교육기관이나 교육프로그램에 적극적으로 참여해야 한다.

우리는 지금 전대미문의 긴 수명을 원하든, 원하지 않든 살아내지 않으면 안 되는 상황이 되었다. 예전의 노년은 지금의 장년에 해당한다. 또한, 현재의 사회 환경에서 은퇴는 빨라지고 수명은 연장되어 은퇴 후의 기간이 급격히 길어지고 있다. 준비된 은퇴는 사회에 대한 모든 의무를 다하고 자연인으로 돌아와 어떤 구속도 당하지 않고 남은 삶을 즐겁게 잘 살 수 있지만, 과연 준비되어 은퇴한 사람이 몇 명이나 될까? 그런 사람이 있다면, 은퇴 후가 완전한 휴식과 자유를 가진 시기이며 할 일을 모두 끝낸 축복의 시간이 될 수 있다. 하지만 그렇지 못한 사람에겐 마지못해 사는 인생이 될 수도 있기에 미리부터 퇴직 후 후반기를 위해 공부하고 준비해야 한다.

사람의 운명은 알 수 없다. 오늘 내가 비참한 상황에 있어도 내가 잘 준비한 후반기 인생이 내일의 또 다른 반전을 가져올 수 있을지는

당신은 어떻게 나이 들고 싶은가

아무도 모른다. 각자의 재능과 경험, 지식을 바탕으로 후반기 인생 공부를 미리 시작하자.

이성동 저자는 고객경영연구소와 가정행복연구소를 운영하면서 인생 후반 인생 설계 등의 주제로 강의 및 상담 활동을 하고 계신다.

그는 저서 《인생후반, 어디서 뭐하며 어떻게 살지?》에서 자칫 재앙이 될지도 모를 100세 시대를 앞두고 재앙 없는 노후를 위한 인생 설계 세우는 데 실질적인 도움이 될 만한 것들을 피력하고 있다. 인생 후반전을 살아가는 시니어들이 현재 어떤 삶을 살고 있는지, 어떻게 살아야 잘 사는 삶인지 조명해보면서 노후 준비가 완벽하지 못한 사람들은 인생 후반기 진짜 공부를 어떻게 해야 할지 생각하게 해주는 내용이었다.

그런데 금전적 노후 준비가 되어 있는 사람들은 주로 소비하는 삶을 살면서 편안한 여생을 보내고 있지만, 이들 중 다수가 얼마 지나지 않아 지루함과 무료함을 느낀다고 한다. 따라서 이들은 인생 후반에 들어 소비하는 삶이 아닌 가치를 만드는 삶을 살아야 한다고 조언한다. 어떤 일이든, 70~80세 정도에 그만둬야 하는 일이 아니라 이왕이면 100세까지도 할 수 있는 일을 하는 것이 좋다고 한다. 꿈과 목표 없이 오래 사는 것, 일 없이 오래 사는 것, 돈 없이 오래 사는 것, 건강 없이 오래 사는 것, 친구 없이 오래 사는 것, 배우자 없이 오래 사는 것 등 100세 시대를 맞아 행복한 삶을 위협하는 많은 리스크에 대비하는 지혜를 얻기 위해서라도 공부는 해야 한다고 말한다.

지금도 늦지 않았다. 인생 후반기를 아무 대책도 세우지 않고 넘겼더라도 너무 자책하지 말자. 지금부터라도 마음을 다잡고 남은 인생을 위해서라도 공부를 시작해보자. 늦었다고 생각할 수도 있겠지만, 준비 안 하고 대책 없이 또 5년이나 10년쯤 보내고 난 후, 또다시 그때 가서 뭐라고 말할지 생각해보았는가? 여태껏 후회만 하고 살아왔던 인생이라면 죽기 전에 한 번쯤은 최선을 다한 삶을 살아보다가 가는 것도 나쁘진 않을 것이다. 누구나 자신만이 가진 노하우 한 가지는 반드시 있다. 그것을 가지고 나만의 삶을 창조해낼 수 있는 공부를 시작해보자.

인생 이모작,
아직도 늦지 않았다

　대한민국은 65세 이상 고령자가 전체 인구의 15%를 초과해 현재 초고령화 사회로 진입했다. 더 이상 일자리 문제는 청년들만의 고민이 아니다. 시니어도 일자리 없이는 안락한 노후를 꿈꾸기 힘든 시대다. 요즘은 40대만 되도 회사 생활을 보장받기 힘들다며 입사하자마자 은퇴를 준비하고, 회사가 제 인생을 책임져주는 시대는 끝났다고 생각하면서 회사에 다니면서도 인생 이모작을 준비하는 직장인들이 급속히 늘고 있다. 과거엔 입사하면 퇴직까지 회사를 위해 밤낮없이 일하고, 삶의 대부분을 희생하는 것이 일반적이었다면 지금은 많이 달라졌다. 30대부터 은퇴 이후를 준비하는 '샐러던트'들이 부쩍 늘었다. 샐러던트는 샐러리맨(Salary man)과 학생(Student)을 합쳐 만들어진 신조어로, 공부하는 직장인을 뜻한다. 학교 다닐 때도 멀리했던 공부를 직장에서 다시 시작하는 건 노후에 대한 불안감이 크기 때문이다.

아무 준비 없이 은퇴를 맞이했다가는 힘든 노후를 보낼 수도 있다는 생각에 샐러던트들은 24시간이 모자란 하루하루를 살아가고 있다.

지난 2017년 7월 애플에서 매년 개최하는 세계개발자회의에 한 노년의 일본인 여성이 등장해 시선을 끌었다. 애플의 팀 쿡 CEO가 직접 인터뷰에 나서 전 세계적으로 화제가 된 이 여성의 이름은 와카미야 마사코. 《나이 들수록 인생이 점점 재밌어지네요》라는 책의 저자로, 당시 만 82세였던 그녀는 '세계 최고령 앱 개발자'이자 '노인들의 스티브 잡스'로 세상에 소개된다. '마짱'이라는 애칭으로 불리는 그녀는 '노인들도 즐길 수 있는 스마트폰 게임이 있었으면 좋겠다'는 생각을 하게 됐고, 그런 걸 대신 만들어줄 사람이 없으니 자신이 해보자 마음먹었다. 그리고 6개월간 코딩을 공부하며 노인들을 위한 스마트폰 게임 앱 '히나단'을 출시했다.

환갑에 처음으로 컴퓨터를 구입할 정도로 컴퓨터와 무관한 삶을 살았던 저자는 디지털 기술이 은퇴 이후 자신의 삶에 날개를 달아주었다고 말한다. 《나이 들수록 인생이 점점 재밌어지네요》는 아이패드로 고전 악기 연주를 배우고, 엑셀로 자신만의 액세서리를 디자인하고, 페이스북으로 친구를 사귀고, 구글 번역기를 들고 자유여행을 떠나는 등 우리가 상상하는 노년의 삶과는 많이 다르게 사는 저자의 인생 철학을 담아냈다.

당신은 어떻게 나이 들고 싶은가

그녀의 조언을 보면, "인생 이모작, 정년퇴직 후는 진정으로 하고 싶은 일을 찾아서 해보셨으면 합니다. 인간력을 키우려면 다양한 사람과 친구가 되고 사귀어야 합니다. 역사 속의 인물이나 외국 사람에 관해서는 책을 읽고, 음악을 듣고, 그림을 보며 알아가면 됩니다. 자연과도 친하게 지내면서 생생한 체험을 하면 좋겠지요. 나만의 세계를 갖는 것이 중요합니다." 여든이 넘은 나이에도 구글 번역기 도움을 받아 해외여행을 가고, 앱 개발에 도전하고, 다양한 나이의 사람들과 교류하는 그녀의 모습은 호기심을 간직한 노후의 삶이 얼마나 풍요로울 수 있는지 보여준다.

성공 인생 이모작을 귀촌해서 꿈을 이루고자 하는 사람들도 많다. '희망귀농, 행복귀촌'이란 말을 많이 들어보았을 것이다. 이제 한국인은 직장을 은퇴하고도 30여 년의 여생을 새롭게 설계하고 대비해야 하는 시대에 살고 있다. 귀농자들 가운데는 농사보다 전원생활을 동경해서 농촌을 선택한 경우도 적지 않다. 귀농 인구의 증가에 따라 개인 블로그를 이용해 관련 정보를 나누는 사례가 급증하고 있는 가운데, 인터넷 카페나 관련 사이트도 여럿 개설돼 귀농 희망자들의 갈증을 달래주고 있다. 지역마다 농업인 단체나 민간이 운영하는 귀농 학교도 지역 특성에 맞는 정보를 제공하고 있다. 인구 늘리기 차원에서 귀농을 적극적으로 유치하려는 자치단체의 지원도 강화되고 있다.

도시의 삶을 유지하면서 농촌 생활을 곁들인다는 것은 즐거운 선택일 수 있다. 귀농귀촌은 철저한 사전준비가 필요하다. 무엇보다 귀농 선배들의 실패 사례를 철저히 분석하고 시행착오를 되풀이하지 않도록 지자체가 마련하는 각종 귀농 프로그램에 미리 참여하고 영농에 대한 지식 습득 및 지역 주민과 어울릴 수 있는 마음의 준비도 함께해야 한다. 귀농의 성공 여부는 단기간에 나타나는 것이 아니므로 이웃과 잘 어울리면서 차근차근 농사에 전념하다 보면 어느새 경쟁력 있는 지역 농업 전문가로 성장해 있는 자신을 발견할 수 있을 것이다.

인생 후반에는 자신이 가장 하고 싶었던 일, 또는 잘하는 것에 목표를 세워서 하면 더 좋다. 자신의 특기가 무엇인지, 무엇을 정말 잘하는지 자세히 검토해 그 방면을 살리면 싫증 나지 않고 즐겁게 할 수 있을 것이다. 인생 이모작을 위해 현재 뭐가 필요한지를 스스로에게 자주 질문해야 한다. 이상을 버리지 않고 무슨 일이든 공들여 인생 이모작을 준비하려면 역시 공부는 필수다. 그래서 많은 사람이 공부하라고 권유하고 있다.

불확실한 미래를 위해 새롭게 시작하는 인생 2막, 퇴직 후 남은 인생을 행복하게 살며 새로운 일에 도전하는 것은 매우 가치 있는 일이다. 가치 있는 삶을 사는 것이 우리가 바라는 최종 목표인지도 모른다. 가치 있는 삶을 위해 끊임없이 노력하고 계획을 잘 세워서 준비된 인생 2막을 성공적으로 이끌어보자.

이모작을 말하면서 독수리의 예를 많이들 든다. 독수리는 약 30년 정도를 살면 발톱과 부리가 너무 자라 먹이 사냥이 불가능해진다. 지상에 있는 움직이는 먹잇감을 잡기 위해서는 발톱은 날카로워야 하고 부리는 사나워야 한다. 그런데 그 무기가 30년을 사용하면 거의 무용지물이 되어버리는 것이다. 이때 독수리가 취할 수 있는 길은 두 가지다.

하나는 그대로 현실을 인정하고 자연스럽게 도태되는 길이다. 또 하나는 바위 위에 올라가 길어진 부리를 날카롭게 만들고 발톱을 스스로 뽑는 것이다. 피가 나고 살점이 뜯기는 엄청난 고통이 뒤따르는 일이다. 이 과정을 거치면 독수리는 새롭게 태어난다. 이모작 인생을 시작한다는 얘기다. 먹이 사냥을 물론 수명 연장도 가능해진다. 이들의 공통점은 자기 노력이다. 평소에도 열심히 했지만, 변신을 위해 독수리는 발톱을 뽑고 부리를 깨는 고통을 감수한 것이다. 우리도 독수리와 같은 정신으로 살아가고 준비해야만 남은 인생 후반도 뜻을 펴면서 잘 살아갈 수 있다.

퇴직 후 이모작을 어떻게 준비하느냐에 따라 삶의 질이 달라진다는 것도 알아야 한다. 우리는 현재 주어진 것에만 너무 치중하다 보니 바쁘게 살았던 세월만큼, 자신의 정체성을 잃었을 수 있다. 인생 이모작 준비 과정에서도 어떻게 준비해야 할지 잘 몰라 우왕좌왕할 수도 있다. 현명한 사람들은 이 경우, 은퇴 직전부터 여러 일을 조금씩 접해보면서 자기와 맞는 것을 찾으려고 애쓴다. 무턱대고 투자해 일부터 먼저 벌이지 않는다. 리스크를 최대한 줄이기 위해서는 경험을 쌓는 것이 제일 중요하다. 자기가 좋아하고 적성에 맞는다고 여기는 것부터 차근차근하게 경험을 쌓다 보면 찾아낼 수 있다. 그런 상황을 못 만나더라도 너무 심적 부담 갖지 말고 현장 학습처럼 실습한다는 생각으로 하다 보면 자연스럽게 알게 될 것이다. 몇 번을 접하다 보면 자신의 입맛과 눈높이와 맞는 일을 만날 수 있다. 만약 그렇게 했는데도 계속 모르겠다면, 본인이 정말 무엇을 좋아하는지를 제대로 모르는 경우가 많다. 그리고 지금까지 살아오면서 자유로운 선택을 잘 못했던 결과일 수도 있다. 그럴 땐 자신과의 대화를 통해서 무엇을 가장 하고 싶어 하고 좋아하는지를 알아낼 수 있다.

살아오면서 후회 없는 인생이 어디 있으랴마는, 지나간 인생은 돌아보면 크고 작은 실수와 회한들로 얼룩져 있다. 프랑스 사람들은 '인생'에 지우개를 쓰지 않는다는 말도 있다. 노트 필기든 시험답안이든 만년필을 사용하고 연필과 지우개를 쓰지 않는다고 한다. 틀린 내용은 줄로 긋고, 즉 실수의 흔적을 남겨두고 다시 쓴다고 한다. 지우개를 쓰지 않는 프랑스적 인생 철학은 '인생에는 정답이 없다는 것,' 그래서 지우개를 써서라도 틀에 맞는 답을 써낼 필요도, 실수를 없던 것으로 할 필요도 없다는 그들의 사고방식 때문이라고 한다. 우리의 삶도 그것에 빗대어 생각해보면 좋을 것 같다. 우리의 인생도 정답이 없다. 우리가 인생 이모작 설계를 잘못해 줄을 긋고 다시 쓰더라도 실수의 흔적을 교훈 삼을 수 있게 지우개로 지우지 말았으면 한다. 그리고

　　　　　　　　　당신은 어떻게 나이 들고 싶은가

이모작 준비를 하면서도 인생의 선택 기준을 폭넓게 생각하면 좋겠다
는 마음이다.

나의 인생 설계서를
다시 써라

나의 인생관은 뚜렷한 목표 의식을 딱 정해놓고 살지는 않았던 것 같다. 그저 바르고 정직하게 살자는 정도였고 이렇게 되었으면 좋겠다, 저렇게 되었으면 좋겠다 하는 정도의 바람과 꿈만 한 번씩 꾸면서 살았던 것 같다.

그러나 나는 인생관처럼 생각되는 나의 좌우명 하나는 가지고 있다. 지금의 나의 좌우명은 "그도 할 수 있으면 나도 할 수 있다!"이다. 사실, 나의 좌우명은 여러 차례 바뀌었다. 아마도 내 삶의 현실이 바뀔 때마다 좌우명도 바뀌었던 것 같다. 지금의 내 좌우명을 설정하기 전에는 "오늘 걷지 않으면 내일 뛰어야 한다"로 정해놓고 살았다. 성실하게 살아야 한다는 것을 인지하기 위해서였다. 성실함은 나에게 희망과 목표를 실현해줄 것이라 생각되었기 때문이었다. 지금의 좌우명인 "그도 할 수 있으면 나도 할 수 있다!"는 나이 들면서 자꾸 자신감이 떨어지는 경향이 있어 나에게 힘을 주려고 설정했다. 이 말을 입으로 한 번 내뱉을 때마다 잃어가는 나의 자신감을 올려줄 수 있어 만족하고 있다.

이 세상의 수많은 사람 중에서 나 자신을 제일 잘 아는 사람은 그 누구도 아닌 나일 것이다. 용기를 가지고 나아가다가도 멈칫하는 나 약함이 숨어 있지 않나 생각해본다. 그래서 나는 나도 모르게 그런 좌우명을 지니고 산 것 같다.

하지만 내가 얼마나 어리석게 살았는지를 뼈저리게 느낀다. 내가 진정으로 원하는 삶을 살고 싶었다면, 젊은 시절부터 확실하게 인생 설계를 잘 짜서 그대로 실행해왔어야 했다. 인생 계획을 세우지 않고 살아간다는 것이 얼마나 위험한 삶이었는지 지금은 많이 후회한다. 너무 늦었지만 남아 있는 삶을 위해 나름대로 정리해 나의 인생 설계서를 다시 쓰고 있다. 그리고 인생 설계서의 중요성을 많은 사람에게 알려주고 싶다.

《나의 인생 계획》을 쓴 혼다 세이로쿠 작가는 인생 계획은 우리 삶의 유일한 나침반이라고 했다. 오직 월급만으로 억만장자가 된 혼다 세이로쿠는 평범한 집안에서 태어났다. 그럼에도 불구하고, 누구나 부러워하고 스스로 만족할 만한 인생을 향유할 수 있었던 것은 일찍부터 자신이 설계한 '인생 계획'을 실천하려 노력했기 때문이다. 11세

때 아버지를 여의고 어려운 상황에서 고학했던 혼다 세이로쿠가 '평생의 이정표'로써 인생 계획을 처음 마련한 것은 독일 유학에서 돌아와 만 25세에 도쿄대학 조교수로 임명되었을 때다. 독일의 삼림경영이 합리적이고 경제적인 임업 계획에 따라 질서정연하게 실행되는 것을 보고, 인생에도 계획이 필요함을 절감한 유학 시절의 발상에 따른 것이었다. 그가 만 25세에 세운 인생 계획은 크게 다음과 같았다.

1기_ 만 40세까지의 15년 동안은 세상 사람들이 바보라고 비웃고 구두쇠라고 욕할지라도 치열하게 아끼고 저축한다. 그리해 나와 가족의 경제적 독립 및 안정의 기초를 다진다.

2기_ 만 40세부터 만 60세까지의 20년 동안은 전문적인 직무(대학교수)를 통해 학문 탐구에 열중하며, 국가와 사회를 위해 열심히 일한다.

3기_ 만 60세부터 10년 동안은 국가와 세상의 은혜에 보답하기 위해 일체의 명예나 이익을 떠나 사회에 봉사한다.

4기_ 70세가 넘어서도 다행히 살아 있다면 산 좋고 물 좋은 온천마을에 거처를 두고 주경야독하며 만년을 즐긴다.

혼다 세이로쿠는 자신이 세운 인생 계획을 실천하기 위해 매일 한 매 이상의 글을 쓰고, 월급에서 4분의 1은 먼저 저축하는 생활을 시작했다. 그렇게 40세가 되자 저금에서 나오는 이자가 월급 이상이 되었다. 그때부터 그는 만 권의 책을 읽고 만 리의 길을 여행한다는 오

당신은 어떻게 나이 들고 싶은가

랜 염원을 실천에 옮겼다. 만 60세가 되어 정년퇴직한 뒤로 '특별하게 많은 재산이나 명예로운 지위가 결코 행복을 주지 않으며, 자신에게나 후손에게 이로울 것이 없다'라는 사실을 깨달았다. 그리해 재산 대부분을 사회사업에 내놓고, 다시 일과 연구를 병행하는 간소한 생활로 돌아갔다. 70세까지 10년 동안 그는 종교·철학·역사·경제·법률 분야의 서적들을 탐독했다. 애초 인생 계획에 포함시키지 않았던 80대가 되자 저자는 그 시기에 맞는 내용을 새로 추가해 85세 죽는 날까지 실천했다. 저자는 설계도 없이는 아무리 노련한 건축가라도 훌륭한 집을 지을 수 없듯이, 잘 세워진 '인생 계획' 없이는 누구도 훌륭한 인생을 살아가기 어렵다고 이야기한다.

인생 설계서를 쓰게 하는 것에 대해 또 다른 견해를 가진 분들도 많다. 어떤 분은 인생을 설계하고 계획서를 쓰게 하는 것은 시대적으로 맞지 않는다고 한다. 창조의 능력을 갖추고 있는 인간은 언제든지 자기가 마음만 먹고 행동하고 실천하면 원하는 것으로 창조해내어 성공하기 때문이라고 말한다. 또 다른 분은 인생 계획서를 쓰게 하는 건 난센스라고 했다. "인생이 절대로 계획대로 될 리가 없지 않은가? 인생 계획서는 성공하기 위해서 깨뜨려야 할 고정관념을 고착시키는 역할을 한다"고 말한다.

많은 자기계발서와 관련된 책들에서는 결코 그렇게 인생을 살지 말라고 한다. 《새로운 미래가 온다》로 유명한 미래학자 다니엘 핑크에게 한국의 젊은이들에게 해주고 싶은 조언을 부탁했을 때, 그는 "계획을 세우지 마라"라고 답했다고 한다.

또한 "스무 살에 이걸 하고 다음에는 저걸 하고, 하는 식의 계획은 내가 볼 땐 완전한 난센스다. 쓰레기다. 그대로 될 리가 없다. 세상은 복잡하고 너무 빨리 변해서 절대로 예상되지 않는다. 대신 뭔가 새로운 것을 배우고 새로운 것을 시도해보라. 그래서 멋진 실수를 해보라. 실수는 자산이다. 대신 어리석은 실수를 반복하지 말고, 멋진 실수를 통해서 배워라"라고 조언했다고 한다.

보통 부모들이나 어른들은 목표물을 조준해서 맞히는 미사일이 되길 바란다. 하지만 현실은 그렇지 않다. 사실 사람들은 여러 번 진로와 방향을 바꾼 후에야 자기 능력과 관심에 꼭 맞는 일을 찾는 경우가 많다. 가까운 예로 우리 자신을 한번 되돌아보자. 우리 인생이 정말 계획대로 척척 잘 진행되어가던가? 아닐 것이다. 계속 다른 방법을 실험하고 시도하면서 결국 원하는 답을 찾아내는 것이 중요하다.

'이 길로만 가야 해' 하고 너무 일찍 정해놓으면 자칫 잘못된 방향으로 흐를 수 있다. 인생을 살아가면서 우리는 많은 갈림길을 만난다. 그리고 인생이란 곡선 길만 있는 것이 아니다. 꾸불꾸불한 길, 언덕길, 내리막길이 있다. 계획에 연연하다 보면 완벽함에 연연하게 된다.

로버트 론스타트 박사는 밥슨 대학에서 경영학 석사(MBA) 과정을 마친 졸업생들을 대상으로 조사를 벌였다. 수년간 동창회 명부를 확인해 연락이 가능한 동문에게 설문지를 보냈다. 사업에 성공한 10%

남짓한 졸업생들은 "용기를 내어 도전하는 기업가 정신이 성공에 큰 밑바탕이 됐다"는 반응을 보였다. 나머지 90%는 사업에 성공하지 못한 이유에 대해 다수가 '기다리고 있는 중'이라는 표현을 썼다. 상황이 만들어질 때까지 기다리고 있었다는 것이다. 그러나 우리 앞에 놓여 있는 길은 다르다. 그 길은 언제나 불투명하고 희미해 불확실성으로 가득하다. 분명하게 보이지 않는 앞날 때문에 우리는 낙담하기 쉽다. 하지만 앞길에 훌륭한 기회가 찾아올 가능성을 높일 방법은 분명히 있다. 사람이 강한 것은 마음껏 상상할 수 있고 그 상상을 현실의 창조물로 만들어낼 수 있는 능력을 갖추고 있기 때문이다.

새로운 인생 설계를 할 때 목표를 잘 세워서 매진하면, 원하는 삶을 살아갈 수 있는 것은 분명하다. 하지만 인생이란 것은 계획대로 되지 않는 것이니 새로운 기회에 선택의 상황이 발생하면, 계획을 세워놓고 매진하다가 목표를 다시 설정하면 된다. 애초에 계획 없이 사는 것과는 그 선택이 틀리다. 계획이 있는 사람은 자신이 뭘 선택해야 하는지 아는 사람이고, 계획이 없는 사람은 뭘 선택하는지도 모르는 사람이다. 하지만 인생 계획서를 쓰라고 시키는 긴 장기적인 목표를 가지고 꿈을 가지면서 노력하며 살라는 동기부여다. 비전과 계획은 다르다. 계획을 잡아놓았다가도 더 좋은 제의가 있어 그것이 꿈에 맞아 바꿀 수도 있다. 너무 계획대로 움직이고 살면서 '오늘은 이걸 해야 하고, 내일은 이걸 해야 하고, 10년 후에는 내가 뭐가 되어 있어야 하고' 이런 정형화된 틀에서 벗어나 유연성이 필요하다. 장기 비전 앞에 계획서와 상상력을 적절히 조합해나가면서 참조하는 것이 좋을 것 같다.

중요한 것은, 계획대로 살아야 한다고 너무 인생 계획서에 자신을 묶어두지 않는 것이다. 성향에 따라서 거부감이 들 수도 있기 때문이다. 억지로 쓰는 것은 오히려 거부감이 있겠지만, 나도 뭔가를 해야겠다는 생각이 들어서 쓰고 행동으로 이어진다면 그것으로도 충분히 성공한 것이다. 인생 설계, 인생 계획, 자신의 경험과 적절히 배분된다면 충분히 멋지다.

몸은 늙더라고
마음은 젊음을 유지하라

거울을 보면 왠지 낯선 느낌의 자신을 발견할 때가 있다. 노화로 자신감은 잃어가고 아무리 얼굴에 분칠로 커버한다고 해도 떨어진 자신감을 끄집어 올리기엔 역부족일 때가 많다. 늙어감을 인정하고 늙음으로 더 좋아지는 것들에 눈높이를 맞추어야 그나마 위안이 된다. 요즘 나는 '내 건강, 내가 챙겨야겠다'고 생각해 운동을 꾸준히 하루 1시간 이상 하면서 살아가고 있다. 하지만 생기 잃은 체력이 그대로 나에게 전해져서 나이 듦을 바로 인식하게 되기도 한다. 이런 생각을 가지는 사람이 비단 나뿐이겠는가?

현대인들은 '스트레스 때문에 늙는다'는 말을 자주 한다. 스트레스를 받을 때 흔히 스트레스 호르몬이라고 불리는 코르티솔의 분비가 증가하는데, 만성 스트레스를 받는 경우, 코르티솔은 혈당과 혈압을 상승시키고 면역을 약화시켜 노화와 질병을 유발한다. 건강을 '정신적으로나 육체적으로 아무 탈이 없고 튼튼한 상태'로 정의하고 있다. 그만큼 정신 건강 역시 중요하다는 얘기다. 스트레스야말로 현대인의 정신 건강을 위협하는 가장 큰 요소다.

영국 서섹스 대학교의 데이비드 루이스 박사팀의 연구 결과에 따르면, 스트레스 해소법으로 가장 효과가 좋은 것은 독서인 것으로 나타났다. 6분 정도 독서를 할 경우, 스트레스가 68%가 감소됐고, 심박 수가 낮아지며 근육 긴장이 풀어지는 것으로 측정됐다. 독서 다음으로 음악 감상은 61%, 커피 마시기는 54%, 산책은 42% 스트레스를 줄이는 것으로 나타났다.

연구에서 제시한 방법들 외에도 스트레스 해소에는 요가나 명상, 격렬한 운동, 친구들과의 수다, 달콤한 음식 섭취 등 다양한 방법들이 있다. 건강한 신체와 더불어 마음의 젊음까지 유지하며 살아가기 위해서는 자신에게 알맞은 스트레스 해소법을 찾아 마음의 평안을 유지하는 것도 필요하다.

P는 정말 인생을 멋지게 사는 멋쟁이 친구다. 또래 친구들보다 월등히 젊고 활기차서 어디를 가도 인기를 한 몸에 받고 있다. 그녀는 매사 긍정적이다. 그리고 나이를 생각하지 않고 살아간다. 우스갯소리로 가끔씩 누가 자기 나이를 물으면 자기도 헷갈릴 때가 많다고 한다. 그만큼 나이를 잊고 살기 때문이라고 한다. 가는 곳마다 사람

들이 "어머 너무 멋있어요, 멋쟁이네요! 몇 살이세요?" 하고 물어보면, 상대방에게 몇 살로 보이냐고 되물어본다. 상대방은 보통 평균 10~15년은 젊게 낮추어서 말해준다고 한다. 그러면 내심 기분이 좋아져 "네, 맞습니다!" 이렇게 말해버린다고 한다. 그 친구의 건강 비결은 알맞은 식습관, 꾸준한 운동이고, 제일 중요하게 생각하는 게 스트레스 안 받기다. 웬만해선 화도 잘 안 낸다. 부정적으로 말하는 경우가 별로 없다. 매사 긍정적이고 밝은 태도다. 그리고 자주 웃고 자기관리도 철저하다. 자신을 잘 가꾸며 자신에게 최고의 대접을 해주고 있다. 어디를 가도 자신이 빛나 보이도록 노력한다. 오전엔 운동과 취미 활동을 한 후, 자영업을 하면서 꾸준한 경제 활동도 하고 있다. 나이 들어도 나이를 전혀 의식하지 않고 항상 젊은 마음을 유지하면서 자기의 인생을 멋지게 살아내고 있다.

나이 들면서 하루하루가 소중하고 귀한 시간들이라 어떻게 해서든 보람차게 보내려고 노력은 많이 하고 있다. 그리고 나이 듦을 좋게 생각하고자 노년에 관한 좋은 글귀들이 있으면 그것을 적어두었다가 자주 읽어보곤 한다. 글을 읽는 동안은 마음이 많이 편안해진다. '향기 있는 좋은 글'에서 '늙더라도 낡지는 맙시다'라는 글은 노년의 삶을 아름답게 표현했다.

늙더라도 낡지는 맙시다. 곱게 늙어가는 사람을 만나면 세상이 참 고와 보입니다. 늙음 속에 낡음이 있지 않고 오히려 새로움이 있기 때문입니다. 곱게 늙어가는 사람들은 늙지만 낡지는 않습니다. 늙음과 낡음은 글자로는 불과 한 획의 차이밖에 없지만, 그 품은 뜻은 서로 정반대의 길을 달릴 수 있습니다. *(중략)* 몸은 비록 늙었지만, 마음만은 언제나 새로움으로 살아간다면 평생을 살아도 늙지 않을 것입니다. 곱게 늙어간다는 것은 참으로 아름다운 인생입니다. 멋모르고 날뛰는 청년의 추함보다는 고운 자태로 거듭나는 노년의 삶이 더욱더 아름답습니다. 마음을 새로움으로 바꿔보세요. 늘어가는 나이테는 인생의 무게를 보여줍니다. 그만큼 원숙해진다는 것이겠지요. 세월은 잡아둘 수가 없습니다. 세월은 시계처럼 고장이 없습니다. 그래서 하루하루가 중요합니다.

요즈음에는 연장된 젊음을 유지하는 쾌활하고 활동적인 노인들을 많이 만날 수 있다. 노인들을 옛날처럼 꼬부랑 노인들로 생각하면 오산이다. '몸은 늙었지만, 마음은 언제나 청춘이다'라는 생각으로 살아가며 나름대로 왕성한 활동도 하고 취미 생활도 잘 하고 있다.

현명한 노인들은 자식들에게 의지하지 않고 독립적으로 살려고 한다. 아는 지인의 시어머니는 시아버지가 돌아가신 후, 혼자서 시골에서 살고 있다. 자식들은 혼자 외롭게 놔두는 것이 마음에 걸려서 같이 살자고 해도 거절하면서 시골에서 죽을 때까지 혼자 살 것이라고 한단다. 시어머니께서는 "내가 몸은 늙었지만, 아직 마음은 청춘인데, 청춘이 어디 할 짓이 없어서 며느리 손에 밥을 얻어먹겠느냐?" 하면서 완강히 같이 사는 것을 거부하신다고 한다. 그리고 현재 시골 생활

당신은 어떻게 나이 들고 싶은가

하는 것이 거의 공동체 같은 형태로, 노인들끼리 서로 도우면서 살아가고 있어서 매우 만족해한다고 한다. 낮에는 노인정에서 밥도 같이 해 먹고, 저녁에는 서로 마음 맞는 사람들끼리 2~4명씩 한집에 모여서 잠도 같이 자고 밭일도 함께하러 나가며, 5일장이 서면 시장 구경도 같이 나가서 국밥도 사 먹고, 각설이 타령 구경도 같이하고, 목욕탕, 병원도 같이 가는 등 많은 것들을 같이 공유하면서 살기 때문에 오히려 자식들보다 더 끈끈하게 정으로 뭉쳐서 재미있게 살아간다고 한다. 이런 공동체 형태의 삶을 살다 보니까 오히려 활기차고 행복해하는 것 같아서 자식들은 걱정이 한결 덜어서 좋다고 한다.

우리는 비록 몸은 늙더라도 마음은 젊음을 유지해야 한다. '나는 아직 청춘이다'라는 마음가짐만 있다면, 충분히 자기 삶을 행복하게 꾸려나갈 수 있다. 노후를 즐겁게 보내는 방법은 다양하다. 삶의 3분의 1은 노후지만, 예전에 늙어본 일이 없어서 설마 하다가 막상 닥치면 당황한다. 고정적으로 들어오던 수입도 줄어들고 기력도 쇠잔해지고, 친구도 줄어들지만, 마음을 바꾸고 행동을 바꾸면 신나고 건강한 노후를 얼마든지 잘 보낼 수 있다. 노후를 잘 보낼 방법은 많지만, 그래도 가장 좋은 방법은 생각을 고쳐먹는 것이다. 생각 하나 바꿨을 뿐인데, 내 마음이 평화로우면 그것으로 된 것이다. 예전부터 많이 알려져서 전해오는 말 중 마음으로 실천 가능한 것들을 몇 자 적어본다.

아침이 좋으면 온종일 좋게 되므로 즐거운 마음으로 하루를 시작하라. 감사함으로 살아가면 감사할 일만 생겨나고, 좋은 친구와 만나면 외로움처럼 무서운 병도 없다. 자서전을 쓰면 인생의 정리가 저절로 만들어진다. 명상을 하면 또 다른 세계가 열리게 된다. 젊은이들과 어울려라. 몸도 마음도 젊음과 공유된다. 마음을 곱게 써야 곱게 늙는다. 낙천가가 되어 살면 하루하루가 천국이 된다. 나이 듦은 늙는 것이 아니라 완숙의 길이므로 긍지를 가져라. 걷는 것 이상 좋은 운동법이 없으므로 틈만 있으면 걸어라. 자녀에게 이래라저래라 자꾸 간섭하게 되면 의만 상한다.

몸도 마음도 깨끗이 해야만 건강해지고 취미를 가져야 삶의 활력이 생긴다. 그리고 많이 웃어라. 웃음은 지상 천국을 건설한다. 스트레칭을 수시로 하면 기혈이 잘 돌아 몸도 마음도 가벼워진다. 자연과 벗 삼으면서 여행을 즐기다 보면 하루하루가 즐거움의 연속이다. 작은 배려에도 감사하면 그 사람의 향기가 배어 나온다. 남을 쉽게 심판하지 말아야 한다. 완숙한 인격자는 함부로 남을 험담하지 않는다. 좋았던 기억만 오래오래 간직해야 행복하다. 병과 친해져라. 병도 친구는 해치지 않는다. 평생 현역으로 살아라. 움직이면 살고 편해지면 죽는다. 노후는 마지막 남은 황금시대다. 값지게 보내고 후회 없이 살아가라. 인생은 즐거운 여행이다.

인생을 즐겁고 행복하게 살기 위해 노력하라

　인간은 누구든지 행복을 추구한다. 그런데 어떻게 살아야 행복한 인생을 살 수 있을까?

　밀레니엄 세대에게 '행복한 인생을 살려면?'에 대해서 앙케트 조사를 했더니 80%의 대답이 '부자가 되는 것'이라고 답했고, 50%는 '유명해지는 것'이라고 했다. 정말 그런가? 부자가 되고, 인기가 있으면 행복한 인생이 될 수 있을 것인가? 그렇다면 왜 인기 있고, 돈 많은 유명한 배우가 극단적인 선택을 하는가?

　하버드 대학에서 성인 발달(Adults development)에 대한 연구를 했다. 1938년부터 시작해서 여러 세대를 거치면서 75년 이상을 연구했다. 그 당시 하버드 대학교 2학년 재학생을 연구 대상으로 삼았고, 또 다른 그룹은 보스톤의 가난한 지역에서 태어난 청소년들을 연구 대상으로 삼았다. 몇 세대를 지나면서 724명을 연구했는데, 75년 후까지 살아 있는 사람은 65명이었다. 지금은 90세 넘은 사람도 있을 것이다. 75년 동안 연구한 결과, 중요한 결론이 나왔다.

인간의 행복은 가까운 사람들과의 관계에서 나온다는 것이다. 이것은 학벌이나 사회적 지위, 빈부 귀천과 상관없이 두 집단에서 나타난 공통된 결론이다. 가까운 이웃, 가족, 이웃, 교우 관계에서 행복이 좌우된다는 것이다. 행복은 관계다. 관계가 불편하면 행복할 수 없다는 말이다. 행복한 인생을 살려면 가까이 있는 사람을 배려하고, 잘해주고 사랑해야 한다. 그래야 인생이 즐겁고 진정한 행복을 누리면서 살 수 있다.

어떻게 사는 것이 행복한 것인가? 오늘 하루, 나를 행복하게 하는 것은 아주 소소한 것이다. 그저 매사에 감사하는 태도를 가지면서 아주 작은 것에도 "감사합니다" 소리만 내어도 정말로 행복한 마음이 들면서 이유 없이 즐겁다.

도반들이나 친구들 대부분 감사하다는 말들을 입에 달고 사는 편이다. 서로가 삶에 대해 강한 집착을 내려놓고 각자 주어진 삶에 만족하면서 살아가다 보니까 누구랄 것도 없이 다들 만나면 웃음부터 지으면서 "덕분입니다. 감사합니다"라고 말한다.

내 친구 H는 부천에서 웃음치료사로 강연도 다니며 봉사 활동도 하고 있다. 그 친구는 나한테 빨리 병원 일 그만두고 웃음을 가르치러 다니자고 조르기도 한다. 우리는 몸은 늙더라도 마음은 언제나 청춘이라 여기며 젊음을 유지하면서 남은 인생 멋있게 살아가자고 서로 격려해주면서 살아가고 있다.

지난 삶을 돌아보았을 때, 행복은 결코 멀리 있는 것이 아니라는 것을 알았다. 매 순간 느끼는 감사한 마음이 드는 그 찰나가 바로 행복이라는 것을 깨달았다. 그래서 행복을 멀리서 찾지 말라는 말이 나온 것 같다. 내가 행복하다고 생각하면 그것이 바로 행복이다.

인생을 즐겁고 행복하게 살기 위해 어떤 노력이 필요할까를 한번 알아보았다. 행복한 삶을 영위해나가는 사람들이 하나같이 말하는 공통점은 일과 건강이었다. 꾸준하게 일하는 노인은 행복한 사람이다. 노년에도 독창적인 일을 할 수 있다.

프랑스 루브르 박물관에 있는 중요한 작품들을 보면 30대 화가의 그림이 많지만, 70대 화가가 그린 작품도 적지 않다. 작곡가가 30대 후반일 때 작곡된 교향악도 많지만, 그에 버금가는 많은 양의 교향악이 70대 초반의 작곡가에 의해 쓰였다. 철학자들은 특히 35~40세에 생산적이지만, 80세 이후에도 다시 생산적인 활동을 보였다.

노년에 독창적이 되는 한 가지 방법은 당신이 이미 하는 일 중 무엇이 됐든 조그마한 변화를 꾀하는 것이다. 그다음은 건강이다. '건강한 육체에서 건강한 정신이 나온다'고 한다. 내가 아프면 만사가 귀찮아서 옳고 그름도 눈에 들어오지 않는다. 그래서 자신의 건강부터 챙기라고 하는 것이다. 누군가 '암에 걸리면 사람을 먼저 용서하라'고 했다. 미워하거나 증오하고 용서하지 못하는 사람이 있다면 그 사람을 용서하고 증오의 마음을 버릴 때, 그때부터 병의 증세가 한결 가벼워지면서 치유의 기적이 일어난다고 한다. 남은 내 인생 즐겁고 행복하게 살다 가기 위해서는 용서하는 마음도 필수로 가져야 한다. 또 남을 배려하고 남을 잘 돌보는 사람은 치매에 걸릴 확률이 낮다고 한다. 봉사하는 마음은 면역 기능을 강화시키고 사랑이 담긴 마음에는 두려움이 찾아오지 않기 때문이다.

행복은 멀리서 찾을 필요가 없다. 행복해지기 위해서는 발상의 전환만 필요하다. 각자 행복했던 순간들을 떠올려보라. 눈에 보이는 아름다움이 아닌 내면의 아름다움을 가꾸는 것이 중요하다. 내면의 아름다움을 위해 남을 용서하고 배려하고 있는 그대로의 존재를 인정해야 한다.

자신의 내면을 들여다보는 시간을 갖는 것도 행복의 조건이다. 돈이 많거나 사회적으로 높은 위치에 올랐기 때문에 행복한 것은 결코 아니다. 오직 마음가짐에 달려 있다.

나이 듦은 자연스러운 과정이다. 그리고 나이 듦은 누구에게나 찾아오는 신의 선물이다. 나이 듦을 자연스럽게 받아들이면서 인생의 의미를 생각해나가다 보면, 진정한 나를 발견하고 자신을 더 사랑하게 된다.

인간은 단순히 물질적인 것만으로는 설명할 수 없는 심오함을 가

당신은 어떻게 나이 들고 싶은가

지고 있다. 그러나 그 심오함이라는 것도 이미 우리가 다 알고 있는 것들이 대부분이다. 그럼에도 불구하고 인생의 마지막에 선 이들의 말과 감정이 더 심오해 보이는 이유는, 그들은 그 모든 것들을 아주 충분히 깊이 있게 경험했기 때문일 것이다. 나이가 들어가면서 역할과 위치가 바뀌게 되고, 그것에 따른 변화도 찾아온다. 주름살이 싫고 노인이란 소리가 듣기 싫어서 나이 듦을 거부하다 보면 자칫 자신을 비관하게 되고 우울증도 오면서 오히려 정신 건강에 안 좋다. 나이가 들어감으로써 일어나는 삶의 변화를 자연스럽게 받아들이고 준비하는 태도가 무엇보다 중요하다.

항상 생활을 바쁘게 보내면서 인생을 즐겁고 행복하게 보내는 사람들이 주변에 많다. 스스로를 동기부여할 수 있는 일을 찾아 나서는 지인 한 분이 있다. 아파트를 팔아서 작은 집으로 이사한 뒤에는 자기가 못 해보았던 일을 하면서 보내고 있다. 좋은 강의가 있으면 찾아다니고, 문화 생활을 누리기 위해 좋은 공연도 수시로 관람한다. 젊어서 못 해본 것이 한이 되어 죽으면 억울할 것 같아서 그런다고 한다. 봉사 활동도 열심히 하고 있다.

이분은 또한 미니멀 라이프(더 많은 것을 소유하고 즐기는 것보다, 적은 것의 즐거움을 찾아서 가진 것에 만족하는 것)를 하고 있다. 심플한 생활로 인해 오히려 시간이 더 많이 남게 되어 자신이 하고 싶은 취미 생활을 한 가지 더 하게 되더라고 말한다. 텃밭도 더 이상 가꾸는 것은 노동이라고 하면서 자신에게 필요한 2평만 가꾸면서 나름대로 행복한 삶을 영위해나가고 있다.

즐거운 노년의 삶을 사는 것에 친구 이상 좋은 것은 없다. 함께하고 있는 현재의 친구를 귀하게 여겨야 한다. 노년들은 새로운 관계를 맺을 기회가 점점 줄어들고, 익숙하고 친밀했던 관계가 점점 사라져가는 것에 대한 상실감으로 삶이 갑자기 힘들어질 수도 있다. 그렇기에 노년의 시기에 더 많은 관계를 맺기 위해 노력해야 한다. 젊은이들과 새로운 관계를 형성하는 것도 좋은 방법이다. 내 생각의 틀을 깨고 젊은이들에게 시대의 트랜드 중 하나라도 배우려는 마음가짐만 있다면, 젊은이들과도 충분히 친구가 될 수 있다. 세상과 끊임없이 접속해 쇠퇴해가는 감각을 깨우고 인식하는 법을 배워야 한다. 젊음과 노년을 두루 다 소통할 수 있는 정도의 인품이라면 당신은 최고의 젊은 멋쟁이 노인이다.

미국 연방 최고재판소 판사였던 올리버 웬델 홈즈는 "70세의 젊은이가 된다는 것은 40세의 늙은이가 되는 것보다 훨씬 더 즐겁고 희망적이다"라고 말했다. 즉, 많은 사람들이 70세가 되어도 40세에 행동했던 것처럼 행동할 수 있다면, 70세가 되는 것을 그리 개의치 않으리라는 것이다.

인생의 가장 높은 봉우리를 노년기라고 한다. 정정한 노송과도 자주 비교한다. 노년은 현명함이 있다. 솜씨나 재주가 최고의 경지에 이른다는 노련함을 가지고 있다. 그렇기 때문에 노년이 되어도 기죽지 말고 스스로 즐겁고 행복하게 잘 살아야 한다.

"브라보 실버!"를 외치면서….

나이가 드는 게 두렵다고
말하는 사람들에게

배우 김혜수가 TV에 나와서 나이 드는 것이 싫은지를 묻는 박중훈의 질문에 "나이 드는 게 싫다기보다 두렵고 좋지는 않다"며 "당연히 물리적으로 컨디션이 점점 나빠지는 데 대한 두려움과 아쉬움은 있다"고 말했다. 이어 "내 나이의 숫자가 몇이라는 것보다 그 숫자에 비해 내가 껍데기라고 느껴질 때, 두렵다. 눈가의 주름 같은 건 어차피 받아들여야 하지만, 그보다 두려운 건 내가 그냥 실속 없이 성숙하지 못한 채 늙어가는 게 아닐까 하는 생각이 들 때다"고 덧붙였다. 나는 그녀가 한 말에 굉장한 울림을 받았다.

나 역시도 나이 들고 늙어지면서 볼품없어지는 것에 대한 두려움은 있지만, 그것은 누구나 겪는 생물학적인 변화이므로 순순히 받아들일 수 있다. 하지만 내 자신이 나이만 먹고 속은 빈껍데기만 남은

당신은 어떻게 나이 들고 싶은가

채 살아가는 사람이면 어떡하지 하는 생각이 들면서 나이 듦이 갑자기 낯설고 두려움으로 다가왔다.

나이 드는 게 두렵지 않은 사람은 아주 극소수일 것이다. 눈 깜박할 사이에 지나가버린 젊음. 평생 오지 않을 젊음이기에 더 그립고 아쉽다.

내가 젊었을 때 지나가는 어른들이 "어쩜 저렇게도 피부가 좋을까? 저래서 젊음이 좋다는 거야. 제일 부러운 게 젊음이야!"라고 하던 말들이 귀에 스치듯 지나간다. 내가 젊었던 당시에는 하루라도 더 빨리 나이를 먹고 싶어서 안달복달했다. 나이가 어리면 깔본다고 생각해서 평균 2~3살 정도는 올려서 말하곤 했는데, 지금은 어떻게 해서든지 한 살이라도 더 어리게 보이고 싶어서 옷 입을 때 얼마나 신경 쓰는지 모른다. 지금 생각해보면 그런 마음조차도 사랑스럽고 예뻐서 웃음이 난다. 그땐 세월이 빨리 안 간다고 지루해하면서 몸부림쳤는데, 지금은 화살보다 더 빠르게 세월이 지나가고 있으니 돈으로 살 수 없는 젊음이 그저 부럽기만 하다. 그리고 젊은 시절에 들었던 어른들의 말씀을 지금은 내가 그대로 하고 있으니 이 어찌 우습지 아니한가.

젊은 외모는 한순간이었다는 생각이 들면서 인생무상도 동시에 느낀다. 나는 가끔 젊은 시절이 그리워 지나간 사진첩을 뒤적이고 있다. 그때의 아름다웠던 생각들과 젊은 모습을 생생히 기억하면서, 아직도 나는 겉으론 '노년의 삶도 괜찮아' 하면서 쿨한 척 받아넘기고 있지만, 솔직히 노년이 조금 더디게 왔으면 하는 마음도 내면에 안고 산다.

우리는 누구나 늙고 노인이 된다. 그것은 거역할 수 없는 '슬프고 아픈' 사실이다. 누구도 본인이 직접 늙어보기 전에는 노인이 되는 심정이 어떤 건지 전혀 알지 못한다.

오래전 70대 아는 분이 하시던 말씀이 생각난다.

"나이 들면 순간 지나가는 것도 다 아까워, 후회 없이 살다 가야만 눈감을 때 잘 감을 수 있어. 하고 싶은 것 다 하고 살아. 그게 잘사는 거야. 나는 하고 싶은 것 다 해보아서 지금 죽어도 여한이 없어. 죽는 것도 하나도 무섭거나 두렵지 않아"라고 말씀할 때의 그분은 정말 이 세상을 다 통달하고 미련 따윈 하나도 남아 있지 않은 해탈한 모습이었다. '정말 대단한 분이시네' 생각이 들었던 것이 기억난다.

그러나 이것은 자기가 하고 싶은 것을 다 하고 살았을 경우에만 생각할 수 있는 문제다. 우리같이 다 이뤄보지도 못한 경우는 다를 것이다. 나이가 드는 게 두렵다는 것은 아마도 미련이 많아서 그럴 것 같다는 생각도 해보았다. 나의 경우만 보더라도 노년이 되어서 좋은 점을 머리로는 이해하고 예찬하고 받아들이지만, 마음은 나이 들고 싶지 않다는 이중심리가 녹아 있으니 말이다. 아직도 하고 싶은 것들이 많이 남아 있고, 생각했던 꿈들을 다 이루지 못해서 그런 것 같다. 아니면, '늙는 건 나쁘다'는 생각과 '젊을수록 내 가치가 높아진다'는 사

당신은 어떻게 나이 들고 싶은가

고방식이 뿌리 깊게 박혀 있어서 그럴 수도 있지 않나 생각해본다.

어느 날, 《나이 듦의 심리학》이라는 책을 읽었다.

30년간 진료실에서 수많은 사람의 마음 문제를 해결하고 그들의 인생을 바꾸었던 일본의 저명한 정신과 전문의 가야마 리카의 '나이 듦'에 관한 사유와 통찰을 담아 펴낸 책인데, 나이 들수록 가슴 설레게 하는 무언가를 반드시 찾아낼 것을 강력히 권하는 내용이 눈에 들어왔다. 나이 드는 게 두려워 뭔가 긍정적인 탈출구가 필요할 시기였기 때문에 나에겐 많은 도움을 주었던 책이다.

"인생은 하릴없이 계속되고 때때로 반복되지만, 시간의 단순한 흐름에 연연하지 않고 자신만의 가슴 설레는 무언가를 찾아낼 때, 그리하여 나이 들수록 어느 하루 눈부시지 않은 날이 없음을 가슴 벅차게 느낄 때, 우리는 비로소 인생의 깊고 진한 기쁨을 맛볼 수 있을 것이다"라고 말했다. 나이 들수록 설레는 삶을 살아야 하며, 타인의 시선과 불필요한 감정에 휘둘리지 않고 자유롭고 경쾌하게 나이 듦을 맞이하라는 것이다. 현재 자신의 나이가 어떤 선택을 하는 데 영향을 끼치는 일은 전혀 없다고 하며, 항상 자신 있게 말할 수 있어야 한다고 조언한다.

한편, 남편의 정년이 여성에게 심각한 영향을 끼치기도 한다. 정년을 앞두고 심리적 압박을 느낀 남편이 갑자기 시골에 내려가 밭이라도 일구고 살자며 아내의 삶을 송두리째 바꾸려 하기도 하기에, 정년 후 어떤 일이 생겨도 와르르 무너지지 않도록 취미나 좋아하는 것들, 즉 '나만의 아이템'을 찾을 것을 권한다.

누구나 내일이 되면 오늘보다 하루 더 나이가 든다. 그 결과 주름이 생기고 피부가 처지며, 흰머리가 생기고 나아가 병에 걸리고 몸이 불편해진다. 이는 당연한 일이다. 이 잔혹한 사실은 아무리 본인이 셀러브리티나 커리어 우먼이라고 해도 바꿀 수 없다. 노력하든 안 하든 50년 산 사람은 쉰 살이고, 70년 산 사람은 일흔 살이다. 아무리 가혹한 사건이 많았던 인생이라도 살아온 길이 잘못됐다고 단언할 수 있는 인생은 없다. 인생은 물론 힘든 여정이지만, 문제가 생길 때마다 하나하나 대처해가면서 때로는 웃고, 때로는 한숨 돌리며 당신도 긴 걸음을 걸어왔을 것이다. 잘 늙는 법이 뭔지는 모르지만, 앞으로의 인생은 내 뜻대로 살아보자고 말한다. 타인의 시선과 불필요한 감정에 휘둘리지 않고 자유롭고 경쾌하게 나이 듦을 맞이하자고 한다. 이 책을 읽고 난 후, 나는 더 이상 나이 드는 것이 두렵다는 생각을 거두고 내가 원하는 일을 선택해 집중하기로 마음먹었다. 그러자 나의 내면 상태는 다시 긍정 모드로 돌변하면서 이제는 두렵거나 나이 때문에 주저하는 생각들이 전혀 들지 않는다. 참 다행이 아닐 수 없다.

우리는 노인 하면 은퇴하고 시간이 남아돌아 동네 공원 근처에서 운동하거나 옹기종기 모여 수다를 떨거나 노인정에서 장기를 두는 그런 모습들을 상상한다. 노인을 보고 찬란한 세대라고 생각하는 사람

당신은 어떻게 나이 들고 싶은가

은 아무도 없을 것이다. 저물어가는 세대, 언제 죽어도 억울하지 않고 이상할 게 없는 세대로 볼 것이다.

하지만 60대임에도 책을 쓰고 외국어를 공부하고 직접 어학원을 찾아다니면서 그 어느 세대보다 찬란하고 빛나는 인생을 사는 사람들도 많다. 젊은 친구들과 부대끼며 외국어 공부를 한다는 것은 그 여느 20대 못지않은 열정이다.

나이 여든에 가까움에도 홈스테이를 운영하는 사람들도 있다. 세상에 못할 것은 정말 아무것도 없다. 마음먹기에 따라서 자기가 하고 싶은 일을 얼마든지 하면서 살아갈 수 있다. 《나이 들수록 인생이 점점 재밌어지네요》를 쓴 와카미야 미사코는 건강을 위해 따로 노력하는 게 없단다. 재미없는 일은 하지 않고 같은 동년배와 비교하지도 않는다.

앞의 분들과 같은 분들은 그저 자기 하고 싶은 일을 하고, 매일 즐겁게 사는 게 건강의 비결이라고 한다.

그분들은 '아직 난 살아갈 날이 많다. 지금 내 나이는 어떤 나이보다 젊다. 더 이상 망설일 필요도 없고 나이 때문에 못할 일도 없다. 인생은 내가 어떻게 하느냐에 따라 얼마든지 재미있어진다'고 말하면서 자기 소신껏 삶을 살아가고 있다. 이런 분들 때문에 많은 노년들이 동기부여받고 노년의 삶을 행복하게 잘 꾸려가게 되는 것 같다.

나이가 들수록 신체의 변화는 뚜렷해지고 새로운 도전에 대한 가능성은 줄어든다. 하지만 가족과 친구와 보내는 소소한 기쁨. 자연과 인간을 향한 인식의 확장은 노년의 선물이기도 하다. 나이 듦의 품격은 두뇌 활동도 열심히 해 새로운 것에 대한 도전을 두려워하지 않는 마음 자세다. 아름다운 노년의 삶. 더 이상 나이 드는 것이 두렵다고 생각하지 말아야 한다.

당신은 어떻게 나이 들고 싶은가

꿈이 있는 한
늙지 않는다

꿈이 있는 한 늙지 않는다. 나는 꿈이 있는 사람이다. 현실에 안주하고 잘 안 되는 것에 쉽게 포기하는 것은 나를 사랑하지 않는 것과 같다. 아직 다 해보지도 않고 뭔가를 포기하는 것은 삶을 포기한 것과 같다. 우리의 삶이 앞으로 어떻게 전개될지는 그 누구도 장담하지 못하고 예상할 수도 없다.

그 사람의 성향에 따라 일찍 깨우치고 빨리 시작하는 사람이 있는가 하면, 늦은 나이에 깨닫고 늦게 실행하는 사람도 있다. 사람마다 성향과 끈기에 따라 다르기 때문에 미리 판단할 필요는 없다고 생각한다. 잃었던 꿈을 찾아 떠나는 여정들이 요즘 들어 가슴 설레기까지 한다. 세상은 분명 호락호락하지는 않다. 하지만 적어도 간절함이 있다면 그 목적과 같은 방향에는 도달하지 않을까 한다. 무엇을 하기에 앞서 두려움이 있을 것이다. 하지만 두려움보다 그것을 하지 않고 후회하는 삶을 사는 것보다는 낫다. 실패는 성공의 어머니라는 토머스 에디슨의 명언처럼, 실패를 통한 경험은 돈 주고 못 사는 경험이므로 너무 두려워하지 말고 하고 싶은 것에 도전해보는 삶도 좋다고 생각한다.

나의 꿈은 작가였다. 하지만 엄두를 내지 못했다. 작가라는 벽이 너무 높고 아무나 글을 쓰는 것이 아니라고 믿어왔기 때문에 그저 가슴 저 밑바닥에 묻어두고 살아왔다. 내가 글을 쓰게 된 동기는 별거 아닌 것에서부터 시작되었다. 나는 요양병원 간호사로 근무하면서 꿈이라곤 하나도 찾아볼 수 없는 환자들의 무표정, 무감흥, 마치 생을 포기라도 한 듯한 표정에서 시간이 갈수록 자꾸 알 수 없는 자극들이 일어났다. 이런 표정들이 될 수밖에 없는 어르신들의 살아왔던 삶을 이해하면서도 마지못해 살아가는 듯한 환자들의 모습과 보호자들의 그늘진 모습 속에서 희망이라는 씨앗을 전혀 찾아볼 수가 없는 것이 안타까웠다.

지금의 어르신들이야 어쩔 수 없는 시대적 운명으로 이렇게 살 수밖에 없다고 하지만, 앞으로 노년에 접어든 사람들이나 지금 미리 노년을 준비하는 사람들에겐 우리 부모 세대가 겪었던 이런 모습으로 살지는 말게 해주어야겠다는 생각을 했다. 죽어서 본연의 고향으로 가는 날까지 후회 한 점 없이 살다가 가는, 그런 여한이 없는 삶을 살아내야 하지 않겠나 하는 생각이 들었다.

얼마 전에 노년에 접어든 많은 사람들과 대화를 나눠보았다. 그들은 어떤 생각과 의식들을 가졌는지 궁금했다. 얘기를 나눠본 그들의 의은 세상은 정신을 못 차릴 만큼 급변하게 돌아가고 있는데 아직도 옛날 사고방식을 가지고 있거나 손주 잘 키워주는 것만을 큰 낙으로만 삼고 있었으며 죽음에 대해 받아들이는 의식까지도 낮았다. '나중에 안 되면 초야에 묻혀 살다 조용히 눈감지 뭐….' 이런 말들을 하면서 변한 것이라곤 아무것도 없이 부모 세대 의식과 똑같았다. 부모로부터 물려받은 교육이 무섭다는 것도 알았다. 이런 생각은 아마 부모로부터 세뇌되어 물려받은 교육이 그대로 전수되어 내려온 자연스러운 습득인지도 모른다. 그리고 그들은 변해가는 세상을 전혀 공부하지는 않고 주변에서 주워들은 얘기들이 마치 최고인 양, 다 아는 것인 양, 그대로를 믿고 있었으며 더 이상 자기를 위한 그 어떤 것도 공부하지 않고 있었다. 마치 첨단을 걷고 변해가는 세상을 남의 일인양 불구경하는 듯한 모습들이었다.

100세 시대에 앞으로 자신의 10년 후, 20년 후에는 어떤 모습일까를 전혀 생각하지도, 상상하지도 않았다. 그냥 하루하루 세월에 몸을 맡긴 채 살아가는 모습들이 참으로 안타까웠다. 시대의 흐름에 발맞추려고 노력하는 노년들이 많다는 것도 이들은 인지를 잘 못 하는 것 같았다. 요즘은 농사도 스마트 앱으로 짓는 시대인데 컴퓨터를 배우는 것에도 아예 관심을 두지 않았으며, SNS로 세상과 소통하는 것에도 무관심이었다. 물론 모든 욕심과 욕망을 내려놓고 사는 것도 나쁘지는 않지만, 그래도 너무 안일하게 살아가는 것 같아서 안타까웠다. 이분들은 왜 이런 생각만 하고 살아갈까 곰곰이 생각해보았다. 그것은 바로 꿈이 없어서라는 것을 알게 되었다. 꿈이 있는 사람들은 나이에 전혀 구애받지 않고 살아간다. 그런데 꿈이 없는 사람들은 그저 주어진 환경에만 몸을 맡긴 채 하루하루 무의미한 삶을 살고 있다는 것을 깨달았다.

나는 이들에게 뭔가를 알려주고 싶은데 방법을 잘 몰랐다. 그래서 내가 가장 잘하는 것이 무엇인지를 생각해보았다. 나는 아주 평범한 사람이고, 그냥 간호사일 뿐이며 남들이 말하는 스펙이 화려한 사람도 아니고, 주변에 선한 영향력을 끼칠 만한 사람도 아니다. 따지고 보면 아무것도 내세울 만한 것이 없는 사람이다. 하지만 찾아보니 내가 잘하는 것이 있긴 있었다. 나는 스토리텔링을 좋아했고 자신이 있었다. 동료들이나 친구들, 주변 사람들이 자주 "여진샘은 동기부여를 잘해주는 사람이고 열정적이고, 꿈이 많은 사람이다. 디프레스에 빠져 있을 때 힘이 되는 좋은 얘기들을 자주 들려주어 좋다"라는 칭찬을 해주곤 했었다. 그랬다. 나는 늘 꿈을 저버리지 않고 살아왔던 사람이었다. 나는 늘 부자로 살고 싶어 했고, 그 돈으로 문맹국에 초등학교와 도서관을 지어주고 싶은 꿈을 가지고 살아왔다. 나는 꿈이 많았던 몽상가였는지도 모른다.

나는 꿈 없는 사람들을 위해 꿈을 심어주고 동기부여해주고 싶은 마음이 시간이 갈수록 커졌다. 그래서 작가가 되어 꿈을 이루자고 결정했다.

꿈을 가진 자는 그 정신이 늙지 않으며, 언제나 젊다. 가슴속에 꿈이 살아 있기 때문에 눈동자가 빛난다. 꿈을 실현하기 위해서는 스스로 시키지도 않는 일을 찾아서 하게 된다. 삶에 목적을 가지고 그것을 완수했을 때만이 후회가 없고 여한이 없는 삶을 살아냈다고 말할 수 있다.

집에서 살림만 하고 아이를 키우던 평범한 여성 한 분이 있었다. 그녀가 꿈을 기억해낼 때까지는 정말 평범했다. 그녀가 어린 시절의 꿈을 기억해내는 순간, 그녀 가슴에 언제나 머무르던 공허함이 사라졌다. 그녀는 독서와 습작으로 바닥을 다지고 벽돌을 쌓았다. 노력은 배반하지 않았다. 마침내 그녀는 등단해 수필가와 시인이 됐다. 또 다양한 매체와 공간에 글을 쓰며 독자에게 행복을 배달한다.

애벌레에서 나비가 된 그분은 조미하 작가다. 현재 시인, 수필가, 켈리그라피 작가로 활동하면서 가요 작사에도 관심이 많아 가사집을 준비하고 있다. 카카오스토리채널 '해밀우체통'과 '켈리는 내 친구'를 운영하면서 많은 독자와 꿈과 희망을 나누고 있다.

그분의 저서 《꿈이 있는 한 나이는 없다》는 애벌레였던 작가가 나비가 되는 과정을 적은 성장 일기다. 작가는 아름다운 언어와 예쁜 삽화로 독자를 자신의 느낌과 경험으로 초대한다. 그분은 저서를 통해

"심장이 뛰고 열정이 조금이라도 남았으면 아직 젊은이다. 내일은 오늘보다 행복할 것이다. 책을 덮었을 때 당신은 지금보다 젊고 행복한 사람이 되었을 것이다"라고 말한다.

하루하루 일상에 파묻혀 꼬물대던 애벌레에게 어느 날 문득 까맣게 잊었던 어린 시절 꿈이 떠올랐다. 그러자 길가의 들풀도, 무심한 파란 하늘도 다시 보이기 시작했다. 애벌레는 열정이라는 먹이를 먹으며 자신을 조금씩 채워나갔다. 힘든 날도 많았다. 그럴 땐 고개를 들고 하늘을 보았다. 언젠가 자신이 날아갈 바다와 산맥을 떠올렸다. 이렇게 한 걸음, 한 걸음 걸어가자 날개가 돋았다. 뾰루지 같던 날개는 어느새 온몸을 뒤덮었고 마침내 애벌레는 맑고 푸른 하늘에 올라 반짝반짝 빛나는 하루를 맞았다. 대부분 상처는 가만히 두면 없어지지만, 만질수록 덧나 숨 막히게 하는 상처도 있다. 애벌레는 남에게 상처를 들키지 않으려고 센 척, 강한 척하며 몸을 부풀렸다. 몸을 부풀리려고 숨을 얼마나 참았는지 숨이 막혔다. 애벌레가 나비가 되는 순간, 부질없는 짓이라는 것을 알았다. 상처가 없는 사람은 없다. 먼저 손 내밀고 지친 어깨를 감싸고 토닥이며 함께 걷는 것이 행복이다.

나비가 된 작가는 사랑하는 독자들에게 말한다.
"한 번쯤 되돌아봤을 때 아쉬움과 후회가 남지 않도록 도전하고 경험하자. 심장이 뛰는 한 절망은 없다. 열정이 한 조각이라도 남았으면 다시 시작하자. 꿈이 있는 한 나이는 없다. 인생의 의미는 성공이 아니라 성장에 있다. 우리는 죽는 날까지 자란다. 우리에게 어제보다 나은 하루, 어제보다 신난 하루, 어제보다 사랑한 하루, 어제보다 행복한 하루를 선물하자. 남의 시선을 의식할 필요도 없다. 애벌레를 나비로 만드는 것은 세상이 아니라 자신이다"라고 말한다.

나는 꿈이 있는 사람이 좋다. 노년이 되어도 꿈이 있는 사람은 진정으로 살아 있는 사람이다. 노년이라고 꿈을 접고 살 필요가 없다. 모든 성공은 꿈을 가지는 데서부터 시작된다.

지금, 당신의 꿈은 무엇입니까?

본 책의 내용에 대해 의견이나 질문이 있으면
전화 (02)333-3577, 이메일 dodreamedia@naver.com을 이용해주십시오.
의견을 적극 수렴하겠습니다.

당신은 어떻게 나이 들고 싶은가

제1판 1쇄 | 2020년 11월 9일

지은이 | 김여진
펴낸이 | 손희식
펴낸곳 | 한국경제신문*i*
기획제작 | (주)두드림미디어
책임편집 | 최윤경

주소 | 서울특별시 중구 청파로 463
기획출판팀 | 02-333-3577
영업마케팅팀 | 02-3604-595, 583 FAX | 02-3604-599
E-mail | dodreamedia@naver.com
등록 | 제 2-315(1967. 5. 15)

ISBN 978-89-475-4644-7 (03180)